Exclusive houses
Sea & mountain

Casas exclusivas
Mar y montaña

Exclusive houses
Sea & mountain

Casas exclusivas
Mar y montaña

H KLICZKOWSKI

Idea and Concept/Idea y concepto: Paco Asensio, Hugo Kliczkowski

Editor and Texts/Editor y textos: Àgata Losantos

Introduction/Introducción: Hugo Kliczkowski

Art Direction/Directora de arte: Mireia Casanovas Soley

Layout/Maquetación: Jonatan Roura Ponce

English translation/Traducción al inglés: Matthew Clarke

Copyright for the international edition/Copyright para la edición internacional:
© H Kliczkowski-Onlybook, S.L.
La Fundición, 15. Polígono Industrial Santa Ana
28529 Rivas-Vaciamadrid. Madrid. Spain
Tel.: +34 91 666 50 01
Fax: +34 91 301 26 83
onlybook@onlybook.com
www.onlybook.com

Editorial project/Proyecto editorial:

© LOFT Publications
Via Laietana 32, 4.º of. 92
08003 Barcelona. Spain
Tel.: +34 932 688 088
Fax: +34 932 687 073
loft@loftpublications.com
www.loftpublications.com

ISBN: 84-96304-26-4

DL: B-10864-06

Printed by Spain/Impreso en España: ANMAN, Gráficas del Vallès.

Introduction

Exclusive houses sea & mountain

It is obvious that the geographical location of a house largely determines its morphology, especially in cases where this location is subject to adverse weather conditions that could accelerate a building's deterioration. "Exclusive houses" offers a selection of recently built homes whose placement obliged their architects to pay particular attention to the environmental conditions.

Cohabitation with Nature has been a constant factor throughout the history of humanity. In the past, this was a necessity that could even induce apprehension, as the lack of architectural resources meant that buildings were fragile and ephemeral. In more recent times, the expansion of our large cities has led many people to seek refuge in a natural setting, far from the urban sprawl and the dreary uniformity of asphalt. This phenomenon, which has become widespread today, has given rise to a host of houses based on local architectural know-how—acquired after centuries of struggle with the environment—that nevertheless go one step further by adjusting to the present needs of their inhabitants. So, building traditions that involved, for example, raising a house on pillars above wet land, or widening openings to the utmost in areas lacking in sunlight, or closing off a house to protect it from strong winds, are still applicable in the various projects presented in this book, but they have been complemented by other concepts derived from the advances made in contemporary architecture and from social changes.

"Exclusive houses" gathers together some thirty projects that share the circumstance of finding themselves immersed in Nature—whether by the sea or in a mountainous area—and of occupying land by either integrating into the setting without altering the landscape, or by becoming a geographical accident that transforms and embellishes its surroundings.

Casas exclusivas Mar y montaña

Resulta evidente que la ubicación geográfica de una vivienda determina en gran medida su morfología, especialmente en los casos en que de tal ubicación se desprenden unas condiciones climatológicas adversas que podrían acelerar el deterioro del edificio. "Casas exclusivas" es una compilación de residencias de reciente construcción cuyo emplazamiento obligó a los arquitectos a prestar una especial atención a las condiciones medioambientales que lo caracterizaban.

La cohabitación con la naturaleza ha sido una constante a lo largo de la historia de la humanidad. En el pasado, era una condición obligada e incluso temida, ya que la falta de recursos arquitectónicos imprimía un marcado carácter frágil y efímero a las construcciones. Más recientemente, con la expansión de las grandes urbes, muchos han optado por refugiarse en un entorno natural, huyendo de la aglomeración y de la uniformidad grisácea del asfalto. Este fenómeno, tan extendido hoy en día, ha dado lugar al surgimiento de múltiples propuestas que se basan en los principios básicos de la sabia arquitectura local, aprendida tras siglos de luchar con el entorno, pero que van más allá a fin de adaptarse a las necesidades actuales de sus habitantes. Así, las tradiciones constructivas que llevaban, por ejemplo, a elevar la casa sobre pilares en terrenos de mucha humedad, a ampliar las aberturas al máximo en zonas de poca luz solar o a cerrar la casa para protegerla de fuertes vientos siguen vigentes en los diversos proyectos que se presentan en este libro, pero se han visto complementadas con otros conceptos fruto del avance de la arquitectura contemporánea y de los cambios de la sociedad.

"Casas exclusivas" reúne alrededor de una treintena de proyectos que comparten el hecho de hallarse inmersos en la naturaleza, ya sea cerca del agua o en un área montañosa, y de asentarse sobre el terreno bien integrándose en el entorno sin alterar el paisaje, bien convirtiéndose en un accidente geográfico más que transforma y embellece el perfil de la zona.

sea houses Casas junto al mar

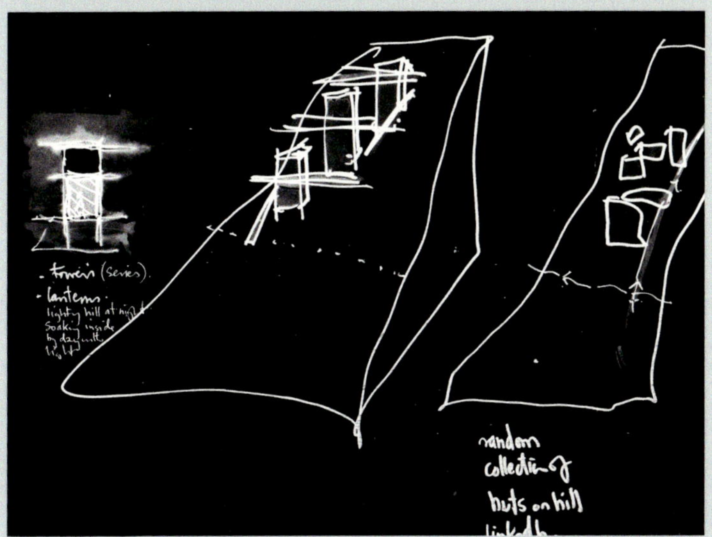

James Robertson House
Casa James Robertson

Dawson Brown Architecture

James Robertson House

In an age when working from home has become increasingly popular, a couple commissioned Dawson Brown Architecture to design a relatively isolated home in an idyllic bay on the east coast of Australia.

The topography—a slope going straight from the beach up to the edge of a cliff—decisively determined the home's architectural configuration. In order to integrate it into the rugged environment, it was decided to build two pavilions that would be surrounded by trees and rocks, so that sun, shade, views and privacy would all be obtained from strictly natural sources.

The house is reached from the sea, by means of a ferry linking the Great Mackeral beach with the nearest town. From this beach, a path leads up to the imposing sandstone retaining wall dug into the slope to mark off the first pavilion, shrouded with bamboo, with its studio, guest room and larder. The path continues along copper-clad walls to the double-height main space, which contains the communal areas.

A small funicular railway links these two volumes with the pavilion containing the main bedroom, 165 ft further up. Inspired by the idea of a tent, the architects decided to reduce to the minimum the weight of the three building's structures, which are completely open to the exterior but protected from the sun and rain by the large eaves that characterize the pavilions. The copper roofs, which seem to float in the landscape, combine with the lightness of the glass and steel to fulfil the architects' main aim: to invite the inhabitants to not only enjoy the environment but also to venture into it.

The carefully considered selection of materials reflects the desire to establish a dialogue between the house and its surroundings. The steel of the structure bestows solidity on the complex, while the reddish color of the copper on the roofs and walls echoes the iron seams typical of the local stone.

Casa James Robertson

En una época en que el trabajo a distancia se ha convertido en una tendencia al alza, una pareja encargó a Dawson Brown Architecture el diseño de una vivienda relativamente aislada en una bahía de aspecto paradisiaco de la costa este australiana.

La morfología del terreno, una ladera que se eleva desde la misma playa hasta el borde de un acantilado, determinó claramente la sección arquitectónica de la vivienda. A fin de integrarla en el abrupto entorno, se optó por construir dos pabellones que quedan rodeados de árboles y rocas, lo que les proporciona luz, sombra, vistas e intimidad.

El acceso a la vivienda se efectúa por mar, mediante un trasbordador que une la playa Great Mackeral con la población más cercana. Desde esta playa un camino se eleva hasta el imponente muro de contención de arenisca excavado en la ladera que delimita el primer pabellón, donde los bambúes rodean el estudio, la habitación de invitados y la despensa. El sendero continúa junto a las paredes revestidas de cobre del espacio principal, de doble altura, que alberga las zonas comunes.

Un funicular de pequeñas dimensiones une estos dos volúmenes con el pabellón que acoge el dormitorio principal, 50 m más arriba. Inspirados en la idea de una tienda de campaña, los arquitectos optaron por reducir al mínimo el peso de la estructura de las tres construcciones, que se abren completamente al exterior pero que quedan protegidas del sol y de la lluvia por los amplios voladizos que caracterizan la estructura de los pabellones. Las cubiertas de cobre que parecen flotar en el paisaje y la ligereza del cristal y el acero propician la consecución del objetivo principal del arquitecto: invitar a los habitantes no sólo a disfrutar del entorno sino también a aventurarse en él.

La estudiada selección de los materiales responde a la voluntad de establecer un diálogo entre la vivienda y su entorno. El acero de la estructura proporciona solidez al conjunto, mientras que el color rojizo del cobre de las cubiertas y los muros se identifica con las vetas de hierro típicas de la piedra local.

Architect: Dawson Brown Architecture

Photography: Anthony Browell, Patrick Bingham Hall

Location: Great Mackeral Beach, New South Wales, Australia

Surface area: 1,970 sq. ft.

Arquitecto: Dawson Brown Architecture

Fotografía: Anthony Browell, Patrick Bingham Hall

Localización: Great Mackeral Beach, Nueva Gales del Sur, Australia

Superficie: 183 m²

The three pavilions that comprise this home reflect the inhabitants' desire to separate, on the one hand, the work area and the guest bedroom, and, on the other, the communal areas and, finally, their private space.

Los tres pabellones que componen esta vivienda responden a la voluntad de sus habitantes de separar, por un lado, la zona de trabajo y la habitación de invitados; por otro, las zonas comunes, y, por último, su propio espacio.

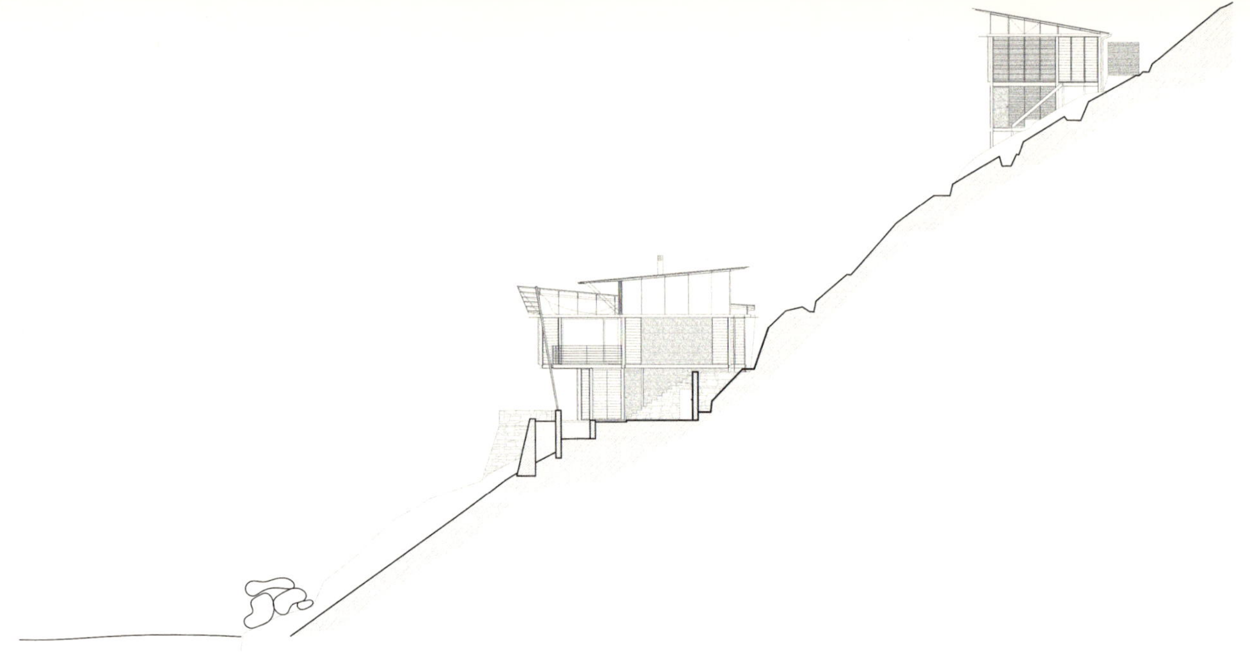

Elevation Alzado

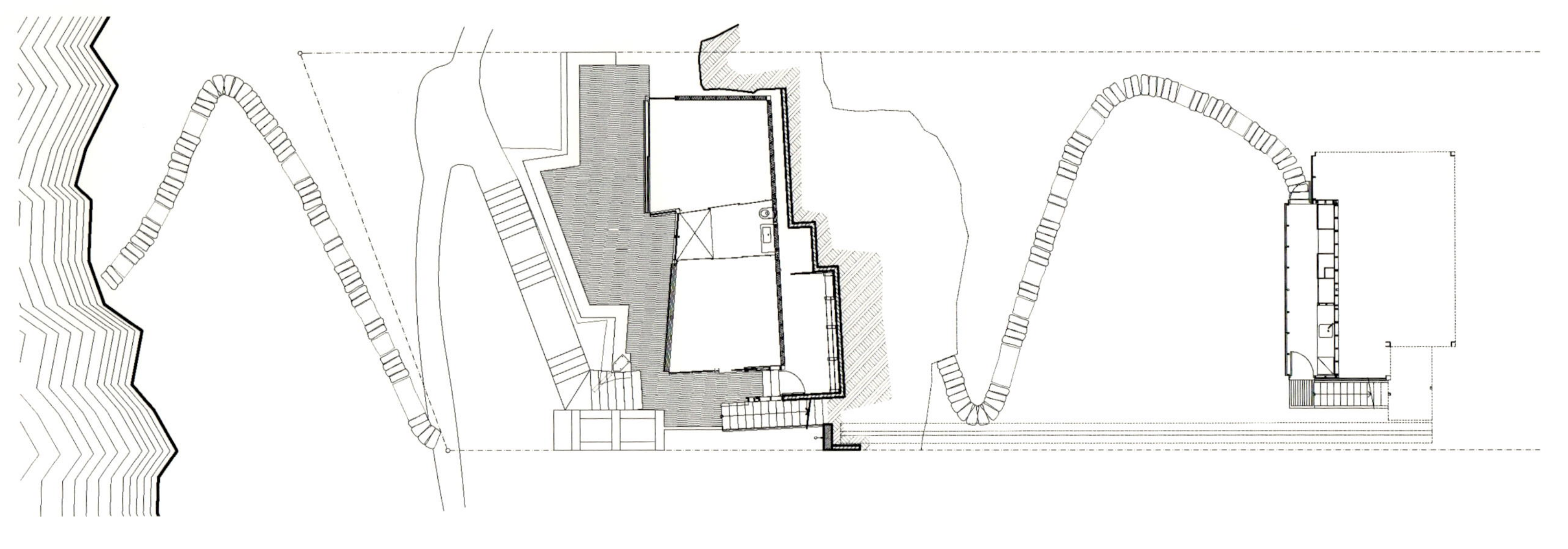

Basement Sótano

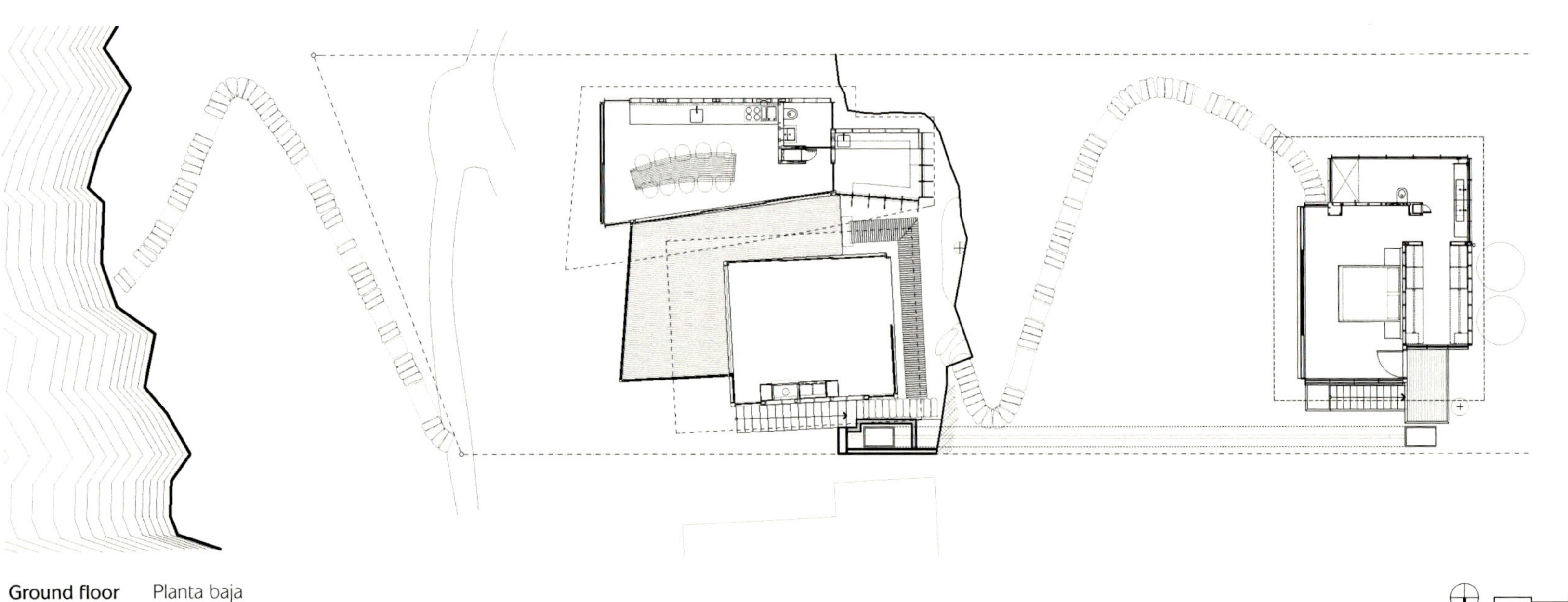

Ground floor Planta baja

Residence in Uruguay
Residencia en Uruguay

M + Diego Montero Arquitecto

Residence in Uruguay

This house is set on an 820-ft-high cliff that is lashed by winds every day from noon onward. On the one hand, the beauty of the landscape cried out for transparency, but, on the other, the harshness of the climatic conditions demanded a solid construction that would be unperturbed by the howling gales.

In response to these two pre-conditions, a stone and glass block consisting of stacked prismatic volumes was designed. Its L-shape protects the porch and swimming pool from the wind and makes it possible to enjoy the view not only from every room but also from the patio, via the windows that enclose most of the perimeter. The frontier between the interior and the exterior is particularly blurred in the kitchen, where sliding doors can be opened completely to turn it into a bar for the swimming pool.

The transparency provided by the large windows is merely a prelude to the continuity of space that reigns indoors. The only separation between the adults' living room and that of the children is a small difference in height, while the ceiling extends uninterrupted throughout the house and the polished concrete floor is only broken by a distinctive brick stove and a staircase. The translucent layers in the interior accentuate the absence of divisions: a semitransparent glass box that is lit up like a lantern at night provides access to the main bedroom on the first floor, and glass has also been used in several other separations in the house—in the bathrooms and the children's living room, for example.

Highly resistant materials were essential due to the erosive impact of the incessant wind and sea, so gray granite and exposed concrete were used on the lintels, staircases, floors and swimming pool. The aim was not only to reduce maintenance to the minimum but also to sense the strength of the granite in its struggle against the wind.

Residencia en Uruguay

Esta vivienda está situada en un acantilado de 250 m de altura azotado a diario por el viento a partir del mediodía. La belleza del paisaje obligaba por un lado a buscar la transparencia, pero, por otro, la dureza de las condiciones climáticas determinaba el planteamiento de una construcción sólida que asistiese impasible al embate de los vendavales.

Respondiendo a estos dos factores previos, se proyectó un bloque de piedra y cristal de volúmenes prismáticos apilados. Su forma de L protege el porche y la piscina del viento y permite disfrutar de la vista desde todas las estancias e incluso desde el patio a través de los ventanales que cierran buena parte del perímetro. La frontera entre el espacio interior y el exterior se diluye especialmente en la cocina, cuyas puertas correderas se pueden abrir completamente para transformar el office en el bar de la piscina.

La transparencia proporcionada por los grandes ventanales es sólo un preámbulo de la continuidad del espacio que impera en el interior. La única separación entre la sala de estar de los adultos y la de los niños es un pequeño desnivel, mientras que el techo se extiende sin cortapisas por toda la vivienda, y sólo la singular estufa de obra y la escalera interrumpen el pavimento de cemento pulido. Las capas translúcidas del interior acentúan la ausencia de divisiones: una caja de vidrio semitransparente que se ilumina de noche como una linterna da acceso al dormitorio principal, en la primera planta, y ese mismo material se ha utilizado en varias separaciones más de la casa, como los baños y la sala de estar infantil.

Dada la fuerza de erosión del viento incesante y del mar, se ha recurrido a materiales de gran resistencia, como la piedra granítica gris y el hormigón visto en el cielo raso, los dinteles, las escaleras, los suelos y la piscina. El objetivo fue reducir al máximo el coste del mantenimiento, pero también hacer sentir la fuerza del bloque de granito en su lucha contra el viento.

Architect: M + Diego Montero Arquitecto

Photography: Pedro d'Orey

Location: José Ignacio, Uruguay

Surface area: 3,595 sq. ft.

Arquitecto: M + Diego Montero Arquitecto

Fotografía: Pedro d'Orey

Localización: José Ignacio, Uruguay

Superficie: 334 m²

The various communal spaces are laid out around the fireplace on the ground floor.

Alrededor de la chimenea de la planta baja se distribuyen los diferentes espacios comunes.

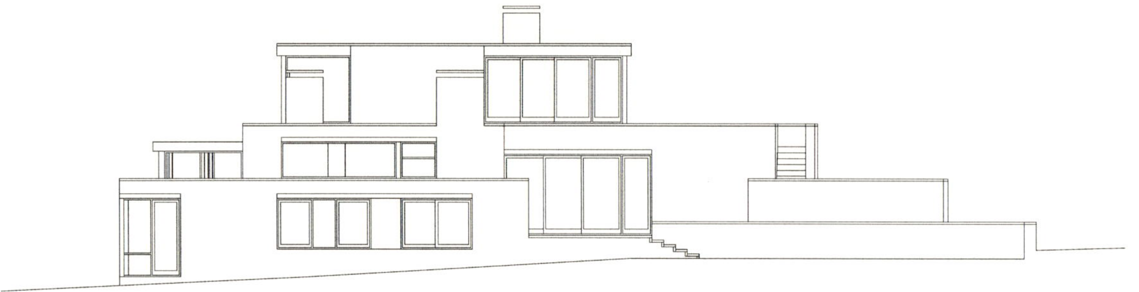

North elevation   Alzado norte

East elevation   Alzado este

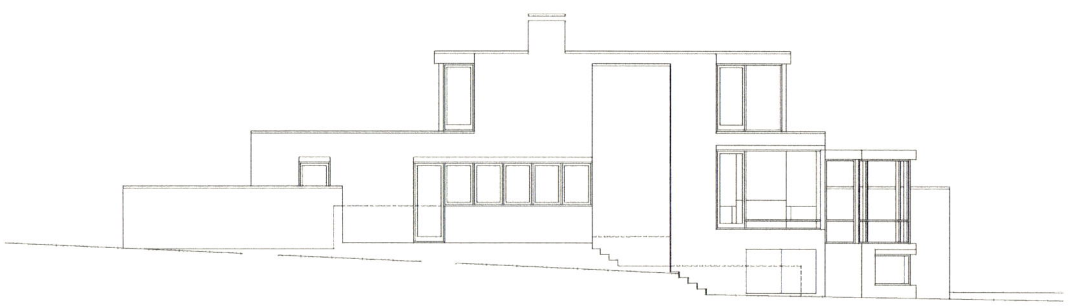

South elevation   Alzado sur

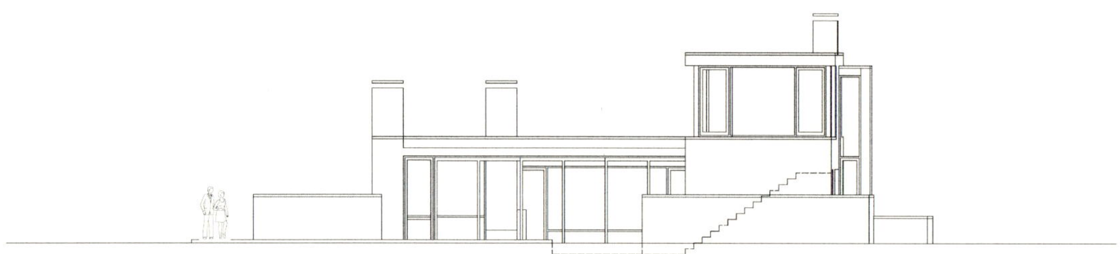

West elevation   Alzado oeste

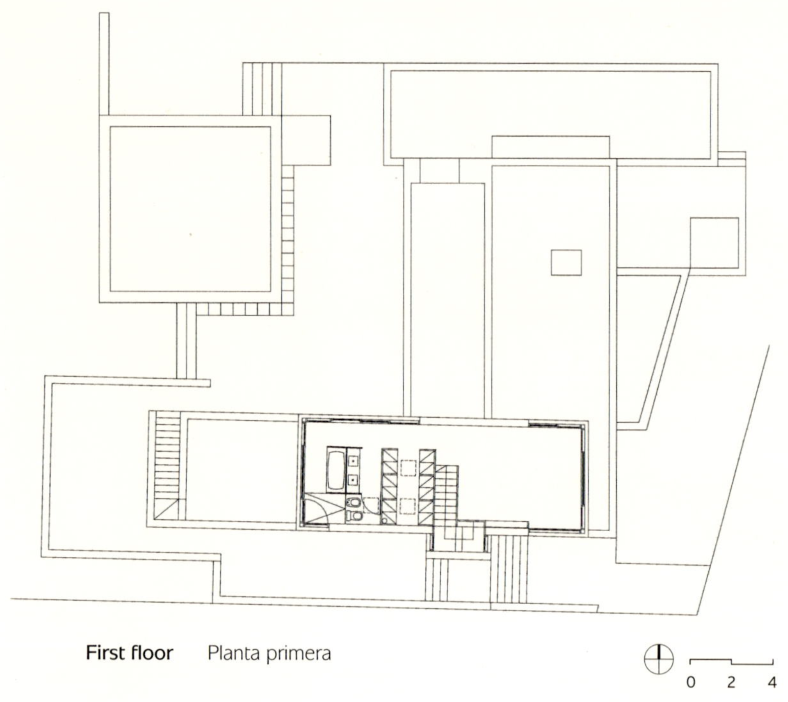

First floor   Planta primera

0 2 4

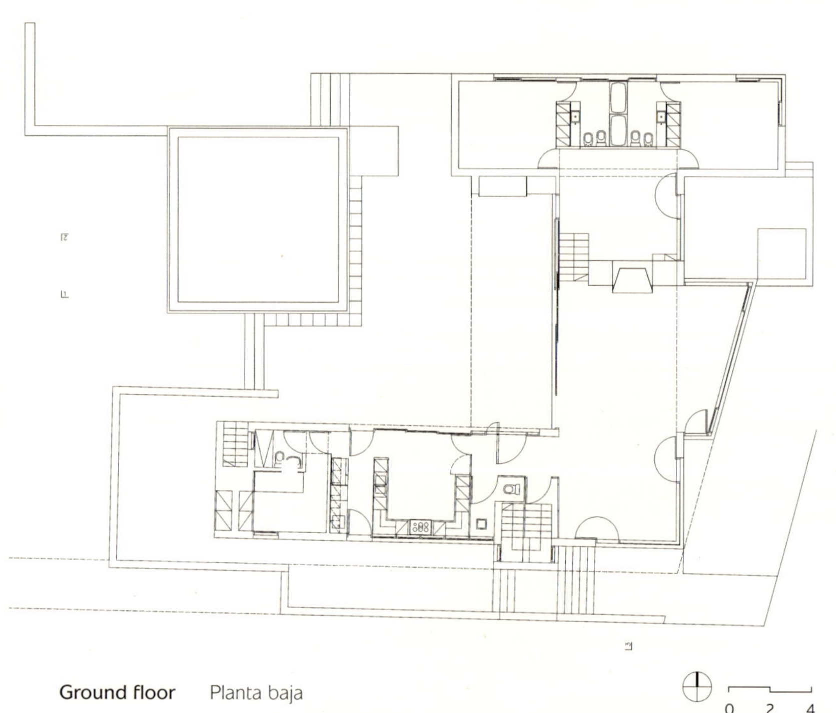

Ground floor   Planta baja

0 2 4

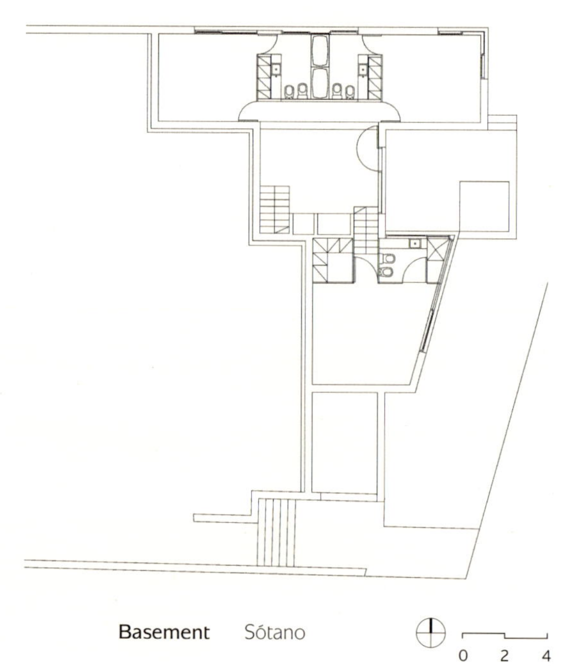

Basement   Sótano

0 2 4

Large panes of glass bestow transparency on this imposing block of granite.

Grandes paneles de vidrio proporcionan transparencia a este imponente bloque de piedra granítica.

House in Guaecá
Casa en Guaecá

Biselli & Katchborian Arquitetos Associados

House in Guaecá

This house stands on a lot next to the Guaecá beach, to the north of the Brazilian state of São Paulo. Two distinct settings vie for its attention: the ocean on one side and the lush mountains on the other. Right from the start, these distinctive surroundings influenced Biselli and Katchborian's project for a summer home required to have five bedrooms plus a bathroom, dining-living room and kitchen, as well as a barbecue and service area.

The building, with a basement, ground floor and upper story, presents two very distinct faces: on one side, the south and east façades, surrounded by terraces at each level and refreshed by the water of the swimming pool, open out on to the sea through the use of light, transparent materials like laminated wood, aluminum and glass; in contrast, the north and west are closed in the face of the large mountainous mass and are dominated by reinforced concrete, with barely a small balcony to interrupt the otherwise unbroken surface.

The upper story contains four bedrooms with a bathroom, in two sets of two, and a sitting room separating the two symmetrical blocks that revolves around an open space with a skylight. This links the two floors and casts light on a large living-dining room on the ground floor. Alongside this room, and also on the main façade, lies the remaining bedroom, while the service areas, kitchen and barbecue area succeed each other along the opposite perimeter, marked off by a striking red wall.

Both the exterior structure and the interior layout emphasize the two-pronged approach to the house, along with its impeccable adaptation to its surroundings—preserved so zealously that one of the trees that originally covered the lot has even been left standing in the swimming pool.

Casa en Guaecá

En un terreno ubicado junto a la playa Guaecá, al norte del estado brasileño de São Paulo, se alza esta construcción que se disputan dos pretendientes: el océano por un lado y las frondosas montañas por el otro. Este singular entorno condicionó desde el principio el proyecto de Biselli y Katchborian para esta residencia de veraneo, que debía disponer de cinco dormitorios con baño, un salón comedor y una cocina, además de una barbacoa y una zona de servicios.

El edificio, con sótano, planta baja y primer piso, muestra dos caras bien diferenciadas: por un lado, las fachadas sur y este, circundadas en cada nivel por sendas terrazas y refrescadas por las aguas de la piscina, se abren hacia el mar mediante materiales ligeros y transparentes como la madera laminada, el aluminio y el cristal; por el otro, el norte y el oeste se cierran ante la presencia del gran macizo montañoso, con dominio del hormigón armado y apenas un pequeño balcón que rompe el hermetismo.

El primer nivel alberga cuatro dormitorios con baño, agrupados de dos en dos, y una sala de estar que separa los dos bloques simétricos. Ésta se vuelca sobre un espacio abierto con abertura cenital que comunica los dos pisos y que corresponde, en la planta inferior, a un gran salón comedor. Junto a esta sala y también en la fachada principal, se encuentra el dormitorio restante, mientras que a lo largo del perímetro opuesto se suceden las áreas de servicio, la cocina y la zona de la barbacoa, delimitadas por una pared de un llamativo color rojo.

Tanto la estructura exterior como la distribución del interior refuerzan la doble orientación de la vivienda y su perfecta adaptación al entorno, preservado con tanto celo que incluso se ha conservado en la piscina uno de los árboles que poblaban el terreno antes de ser urbanizado.

Architects: Biselli & Katchborian Arquitetos Associados

Collaborators: Cristiana Gonçalves Pereira Rodrigues, Natália Celedon

Photography: Nelson Kon

Location: São Sebastião, Brazil

Surface area: 7,459 sq. ft.

Arquitectos: Biselli & Katchborian Arquitetos Associados

Colaboradores: Cristiana Gonçalves Pereira Rodrigues, Natália Celedon

Fotografía: Nelson Kon

Localización: São Sebastião, Brasil

Superficie: 693 m²

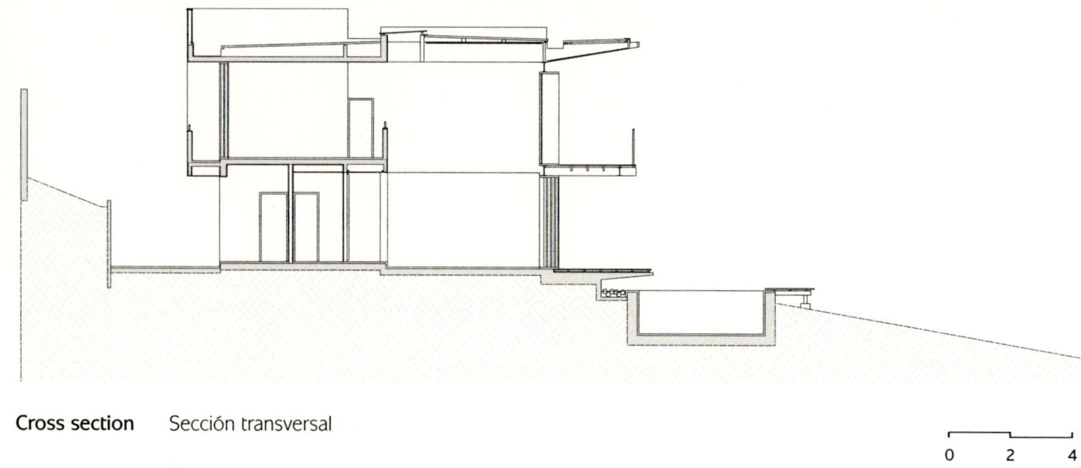

Cross section   Sección transversal

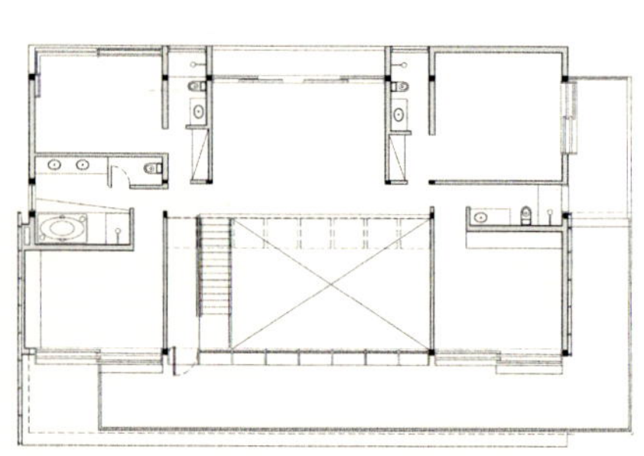

First floor   Planta primera

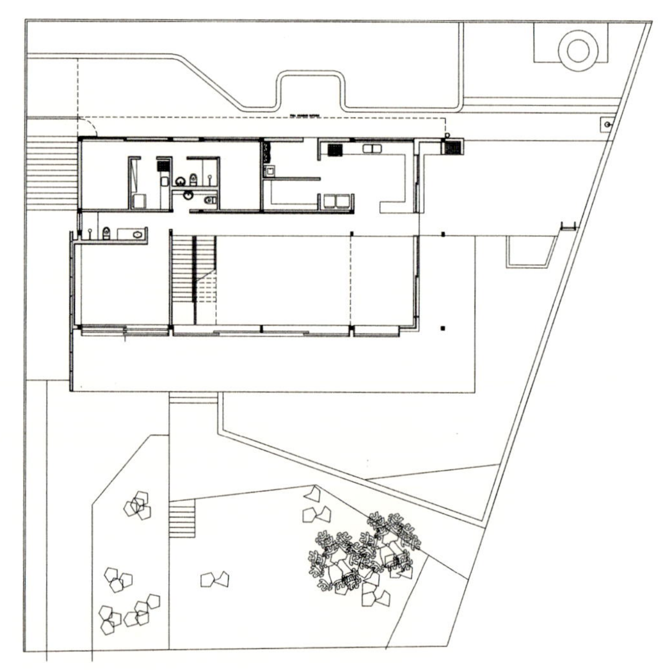

Ground floor   Planta baja

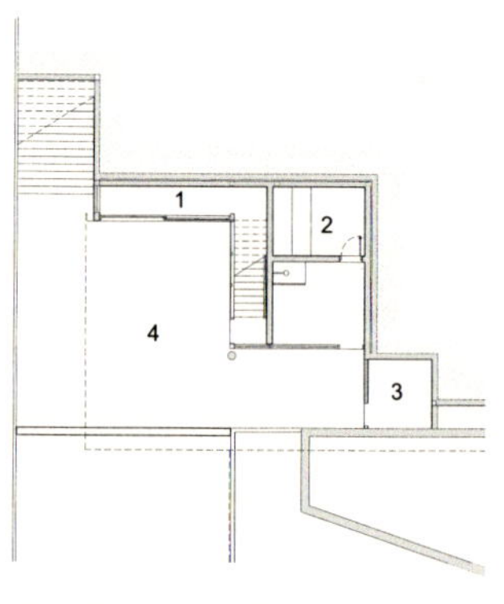

Basement   Sótano

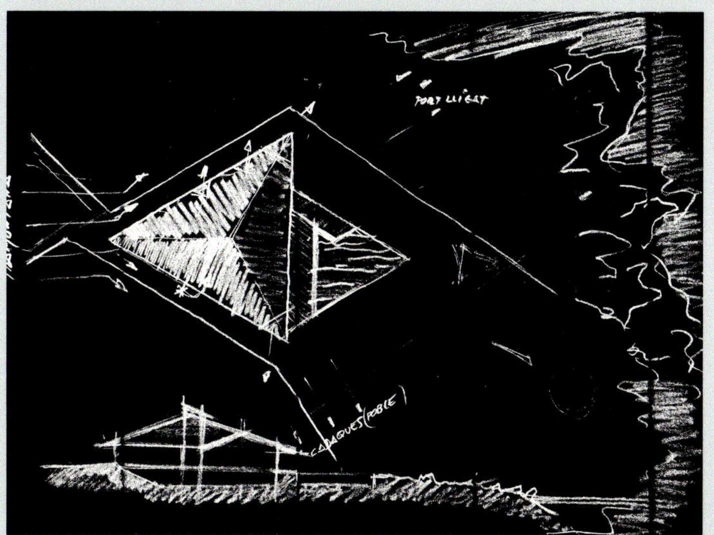

House in Cadaqués

Casa en Cadaqués

Josep Maria Esquius Prat

House in Cadaqués

The distinctive triangular shape and natural setting of this lot, perched on a cliff on the spectacular Costa Brava, influenced the approach to this project from the outset. The unbeatable location overlooking the sea and the enticing views—both close by and in the distance—encouraged the design of an open house, but the harsh winds that lash the area also called for protection. The shape of the lot gave rise to a triangular ground plan that takes in the living quarters and is completed by the garden and swimming pool, facing south to shield them from the wind and benefit from the splendid views of the sea and the bay of Cadaqués.

Once the ground plan had been established as a perfect equilateral triangle, the architects had to consider the most convenient way to organize the rooms. The southern corner contains the daytime areas—sitting room, kitchen-dining room and main bedroom—in order to provide protection from the north wind and take full advantage of both the daylight and the most stunning views, made available by enormous windows that lead on to a covered porch whose wooden flooring extends to the swimming pool and garden. The rest of the bedrooms are set to the east, adjacent to a small terrace closed off with Majorcan blinds that set up an optimal microclimate and direct the attention toward nearby areas that have not been built up. The west and north are reserved for the entrance to the main floor and the garage, while the lower ground floor contains complementary areas like the bathroom, toilets and changing rooms, which can be reached from inside the house and from the swimming pool.

The low elevation from the land and the use of materials like glass, anodized aluminum and stone from Cadaqués itself ensure that the house fits in harmoniously with the coastal landscape.

Casa en Cadaqués

Encaramada sobre un acantilado de la espectacular Costa Brava, el entorno natural de esta parcela y su particular forma triangular marcaron desde un inicio el planteamiento del proyecto. El inmejorable emplazamiento frente al mar y las sugerentes vistas próximas y lejanas invitaban a diseñar una vivienda abierta, pero el inclemente viento que azota la zona obligaba por otro lado a protegerla de su embate. También la forma de la parcela propició el diseño triangular de la planta, cuya distribución dispone la zona noble, el jardín y la piscina encarados al sur para resguardarlos del viento y orientarlos a la espléndida panorámica del mar y de la bahía de Cadaqués.

Una vez determinada la planta, que forma un triángulo equilátero perfecto, los arquitectos estudiaron cuál era la mejor manera de distribuir las estancias. En el ángulo meridional se situaron las zonas de día —sala de estar, cocina comedor y dormitorio principal— para aprovechar al máximo las horas de sol y de protección de la tramontana, así como las vistas más impresionantes, gracias a enormes ventanales que dan acceso a un porche cubierto, cuyo pavimento de madera se extiende hasta la piscina y el jardín. El resto de los dormitorios, que se ubicaron al este, disponen de una pequeña terraza cerrada con persianas mallorquinas que les garantiza un microclima óptimo y dirige sus vistas a las zonas próximas libres de construcciones. El oeste y el norte se reservaron para los accesos a la planta principal y al garaje. El semisótano alberga las zonas auxiliares del baño, los servicios y los vestuarios, a los que se puede acceder desde el interior de la propia vivienda o desde la zona de la piscina.

Gracias a su escasa elevación sobre el terreno y al uso de materiales como la piedra autóctona de Cadaqués, el cristal y el aluminio anodizado, la construcción se suma a la armonía del paisaje costero rodeada de un jardín replantado con árboles propios de la zona, como olivos y cipreses.

Architect: Josep Maria Esquius Prat

Collaborators: Imma Cuñat Blesa, Joan Clemente Ramírez, Francina Vila Badal

Photography: Eugeni Pons

Location: Cadaqués, Spain

Surface area: 3,821 sq. ft.

Arquitecto: Josep Maria Esquius Prat

Colaboradores: Imma Cuñat Blesa, Joan Clemente Ramírez, Francina Vila Badal

Fotografía: Eugeni Pons

Localización: Cadaqués, España

Superficie: 355 m²

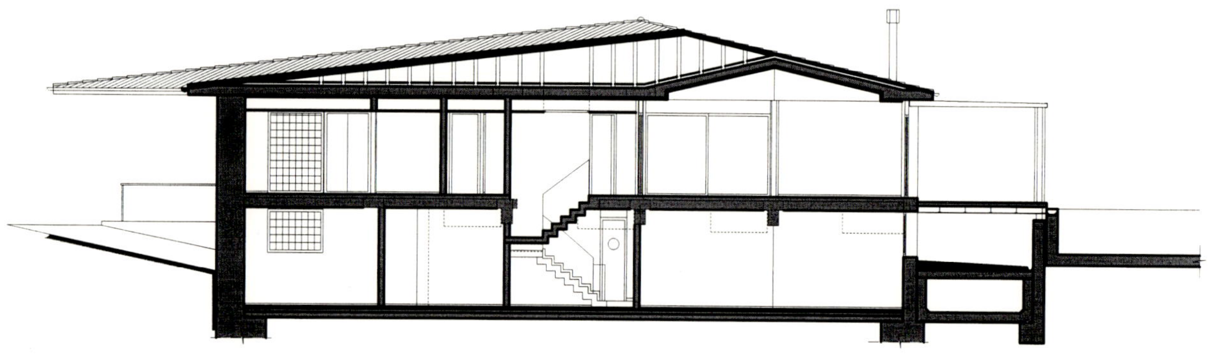

The south façade is largely occupied by a single space containing the sitting-dining room and the kitchen, with a sliding door between them.

La fachada sur está ocupada en su mayor parte por un solo espacio que acoge el salón comedor y la cocina, con una puerta corredera que los separa.

Longitudinal section Sección longitudinal

0 2 4

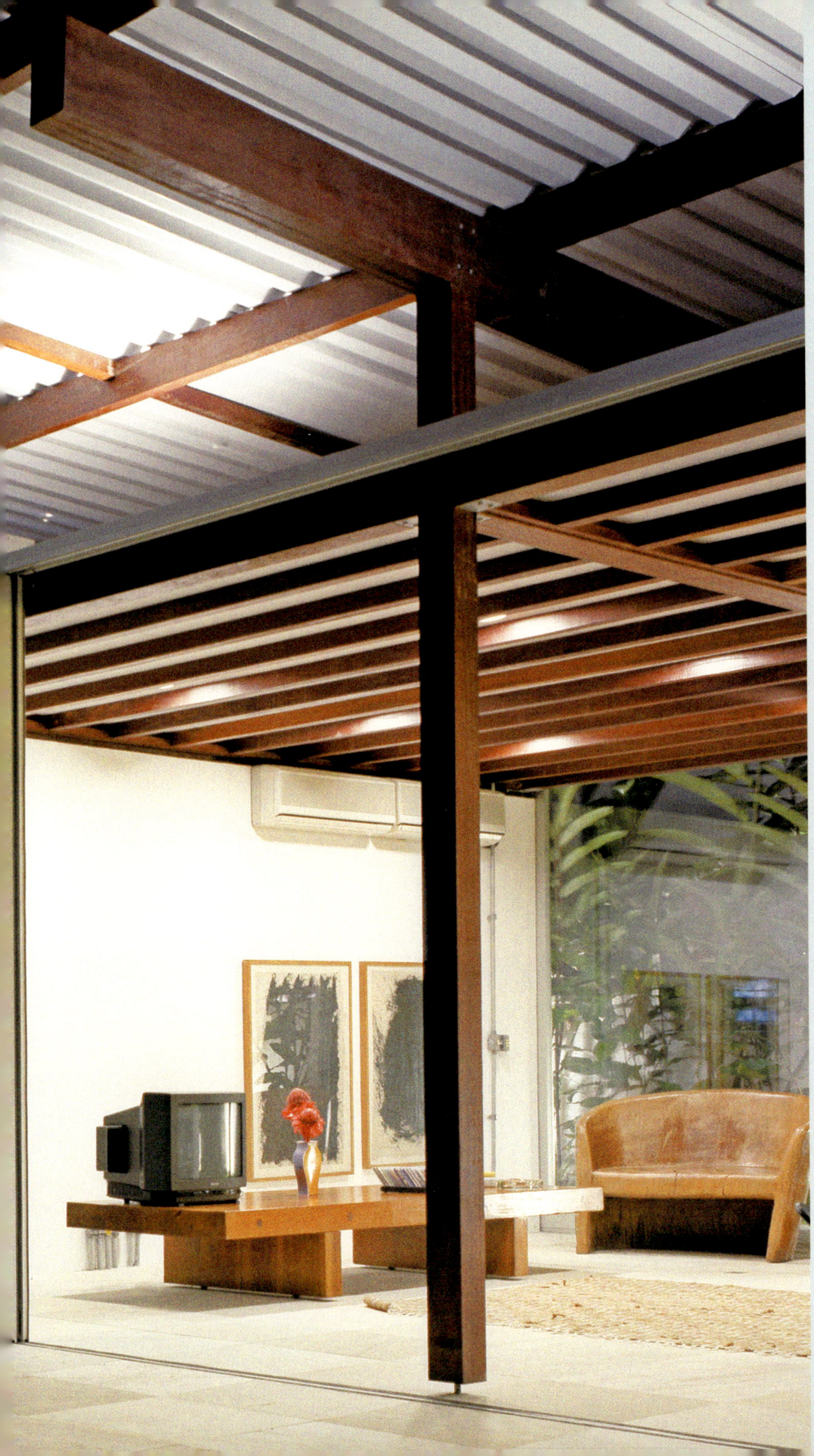

Barra do Sahy

Barra do Sahy

Nitsche Arquitetos Associados

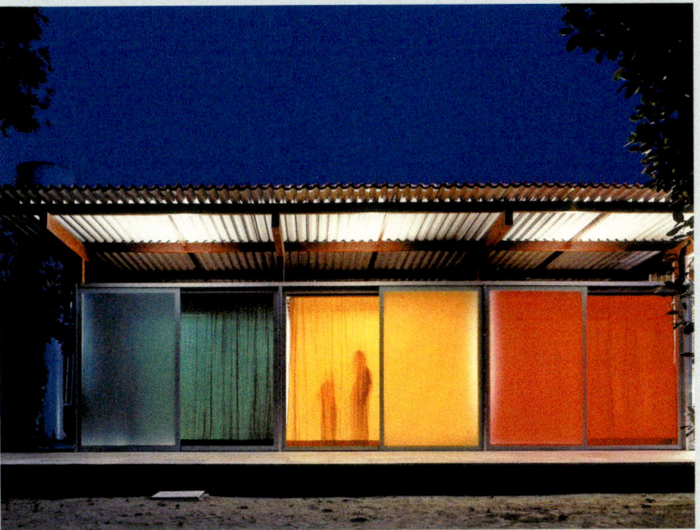

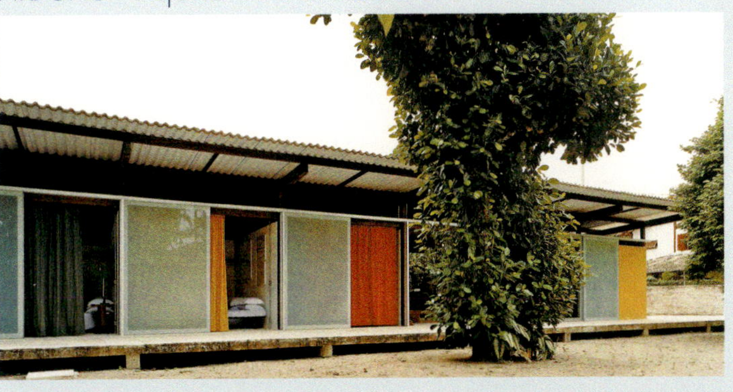

Barra do Sahy

Barra do Sahy

Barra do Sahy is a beach on the northern coast of the Brazilian state of São Paulo. The characteristics of the area's tropical climate—humidity and high temperatures—largely determined the approach to this house, along with two basic considerations: a tight schedule and a limited budget.

The construction, which faces southeast-northwest, was conceived as a functional building with simple forms, crowned by a roof that juts out boldly from the mass of the house to protect it from the sun and rain. In order to dampness rising from the ground, it was built on a partially visible, suspended concrete platform, which also ensured the optimum circulation of air by creating a chamber between the ceiling and the roof that also serves to hold the technical amenities.

The building is surrounded by a large terrace—a by-product of the concrete platform—which serves as the only link between the various rooms, as the architects excluded passageways in order to take full advantage of the available space. The interior layout is arranged around seven structural, transversal axes that divide the space regularly into six modules lined up in a row: three for the bedrooms and bathrooms and three for the living room, service area and kitchen. The openings to the southwest and northeast in the bedrooms and kitchen allow air to pass through while also endowing the building with transparency.

Although the sequential layout of the different settings enhances the independence of each space, the interior and exterior boundaries of the house as a whole are blurred by the large sliding glass panels that open the rooms on to the terrace and by the continuity of the flooring, achieved by using the same material for the entire platform: white São Tomé stone from Brazil's Minas Gerais region.

Barra do Sahy es una playa de la costa norte del estado brasileño de São Paulo. Las características típicas del clima tropical de la zona —humedad y temperaturas altas— determinaron en gran medida el planteamiento de esta vivienda, que partía además de dos condicionantes básicos: la escasez de tiempo disponible y un presupuesto reducido.

La construcción, dispuesta en la orientación sudeste-noroeste, fue concebida como un edificio funcional de formas simples coronado por una cubierta que sobrepasa notablemente la estructura del volumen de la vivienda para protegerla del sol y de la lluvia. A fin de evitar la filtración de la humedad del terreno, se edificó sobre una plataforma de cemento suspendida parcialmente visible; a su vez, se aseguró la óptima circulación del aire mediante la proyección de una cámara entre el techo y la cubierta que además sirve para alojar las instalaciones.

El edificio está rodeado por una amplia terraza, fruto de la propia plataforma de cemento, que actúa como único nexo entre las diferentes estancias, ya que, dada la necesidad de optimizar el espacio, los arquitectos eliminaron las zonas de paso. La distribución interior responde a una estructura regular de siete ejes estructurales transversales que dividen el espacio en seis módulos alineados: tres para las habitaciones y baños y tres más para la sala, la zona de servicio y la cocina. Las aberturas a sudoeste y nordeste en las habitaciones y la cocina permiten la ventilación cruzada a la vez que aportan transparencia al edificio.

Si bien la disposición secuencial de los diversos ambientes refuerza la independencia de cada espacio, las fronteras interiores y exteriores del conjunto de la vivienda quedan diluidas gracias a los grandes paneles correderos de cristal que abren las estancias a la terraza y a la continuidad del suelo, conseguida mediante el uso de un pavimento único para toda la plataforma con piedra de São Tomé blanca, propia de la región brasileña de Minas Gerais.

Architect: Nitsche Arquitetos Associados
Photography: Nelson Kon
Location: São Sebastião, Brazil
Surface area: 1,356 sq. ft.

Arquitecto: Nitsche Arquitetos Associados
Fotografía: Nelson Kon
Localización: São Sebastião, Brasil
Superficie: 126 m²

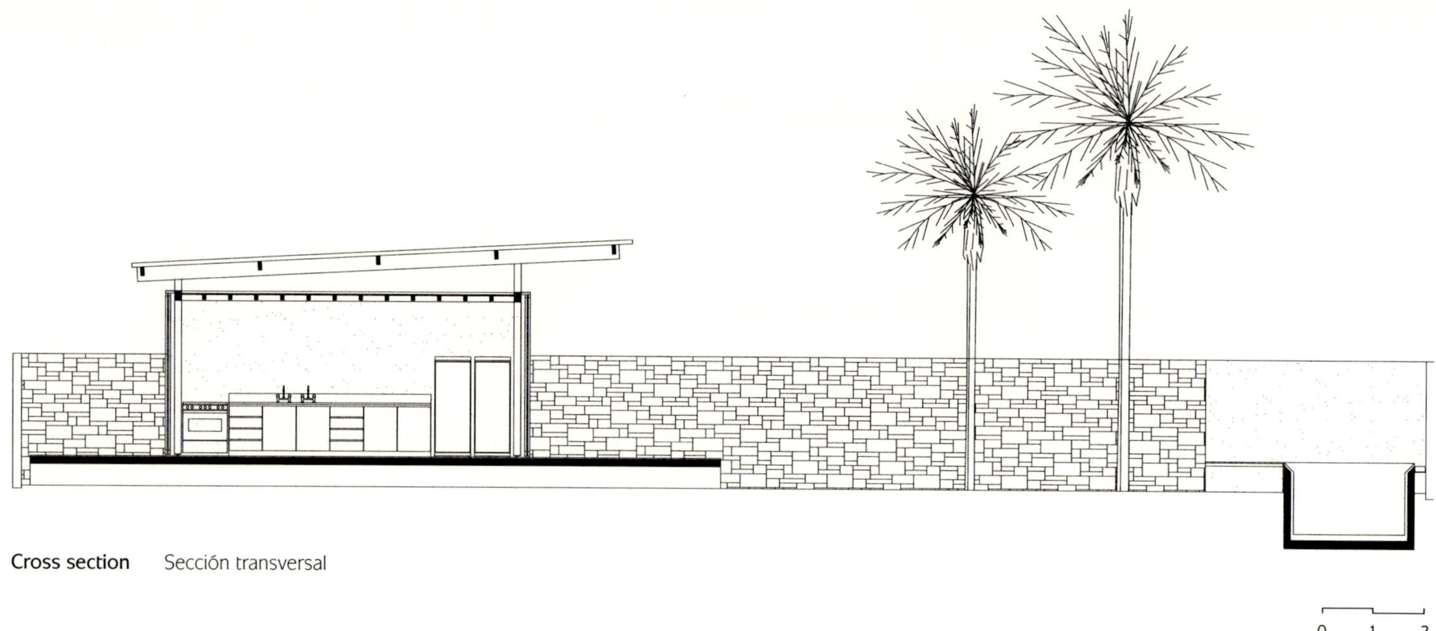

Cross section   Sección transversal

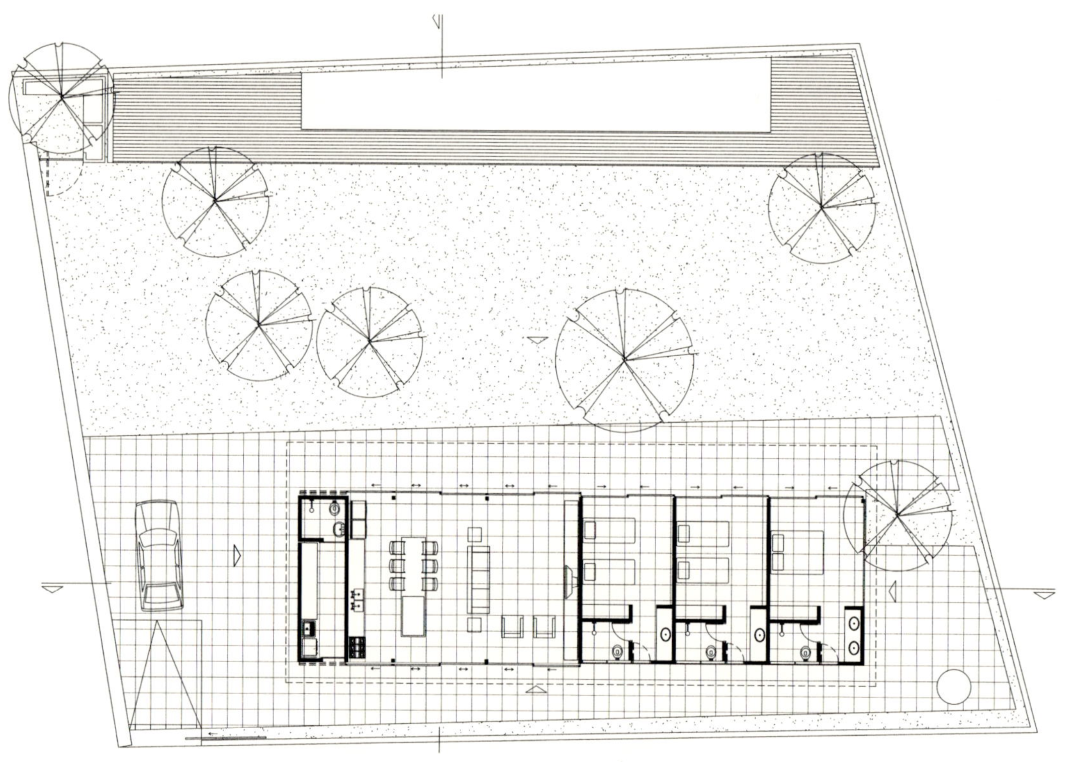

Ground floor   Planta baja

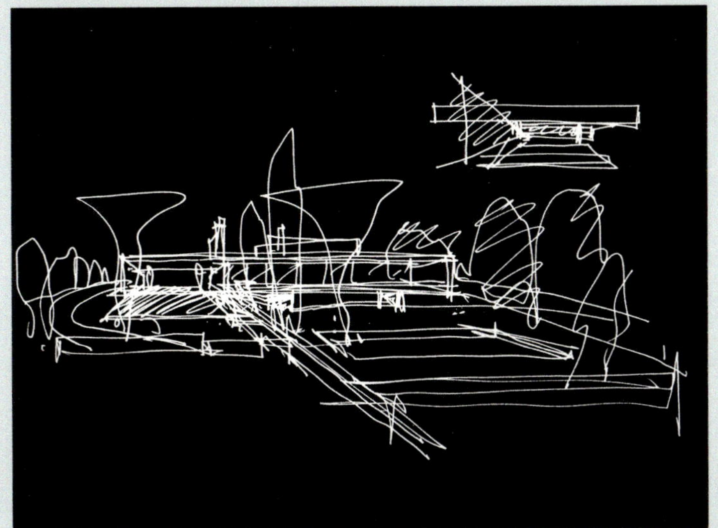

House in Cascais
Casa en Cascais

Eduardo Souto de Moura

House in Cascais

Souto de Moura's style hardly needs any introduction—all lovers of architecture are familiar with his passion for precision and utmost sensitivity to the context. This house in Cascais consolidates still further this Portuguese architect's reputation for rationalism, but he adds a touch of warmth to this approach through the choice of materials and the adoption of local building traditions.

The ever-changing immensity of the Atlantic Ocean lapping the Portuguese town of Cascais obliged Souto de Moura to take a neutral viewpoint when designing this distinctive house, structured around a lower ground floor containing the service facilities that serves as the base for the main volume, set perpendicular to the gradient and thus requiring concrete pillars as supports.

The interior layout establishes a clear spatial division between the daytime areas—the kitchen, lounge and dining room—and the night-time ones; the two are separated by the staircase leading to the lower floor, which can also be reached directly from outside because of the lay of the land.

The dominance of the austere grays of concrete and aluminum are offset by the yellow tiles on the north façade, whereas the coloring of the south façade depends on the rays of the sun, which pours in through the sliding glass doors that span much of the southern perimeter and lead on to a large continuous balcony.

Casa en Cascais

El estilo de Souto de Moura apenas necesita presentación; todo amante de la arquitectura conoce su fervor por la precisión y su sensibilidad extrema por el contexto. Esta casa en Cascais consolida una vez más la trayectoria racionalista del arquitecto portugués, pero añade un toque de calidez a esa línea de actuación a través de los materiales y del acercamiento a la tradición constructiva del lugar.

La naturaleza cambiante del inmenso océano Atlántico que baña la localidad portuguesa de Cascais obligó a Souto de Moura a adoptar una mirada neutra para diseñar esta peculiar vivienda, estructurada sobre un semisótano que contiene los servicios y que funciona como base del volumen principal, cuya disposición perpendicular a la pendiente del terreno obligó también a proyectar unos pilares de hormigón que funcionaran como puntos de apoyo.

La disposición interior presenta un clara división espacial entre zonas de día —cocina, sala de estar y comedor— y de noche, cuyo elemento separador es la escalera que conduce al sótano, al cual también se puede acceder directamente desde el exterior gracias a la inclinación del terreno.

En un conjunto dominado por los sobrios grises del hormigón y el aluminio cabe destacar el amarillo de los baldosines de la fachada norte, mientras que el colorido de la fachada sur queda a cargo de la luz del sol, que entra a raudales por las puertas correderas de cristal que ocupan la mayor parte del perímetro meridional y que dan acceso a un amplio balcón corrido.

Architect: Eduardo Souto de Moura

Collaborators: Nuno Graça Moura, Camilo Rebelo, José Carlos Mariano.

Photography: Duccio Malagamba

Location: Cascais, Portugal

Surface area: 5,145 sq. ft.

Arquitecto: Eduardo Souto de Moura

Colaboradores: Nuno Graça Moura, Camilo Rebelo, José Carlos Mariano.

Fotografía: Duccio Malagamba

Localización: Cascais, Portugal

Superficie: 478 m²

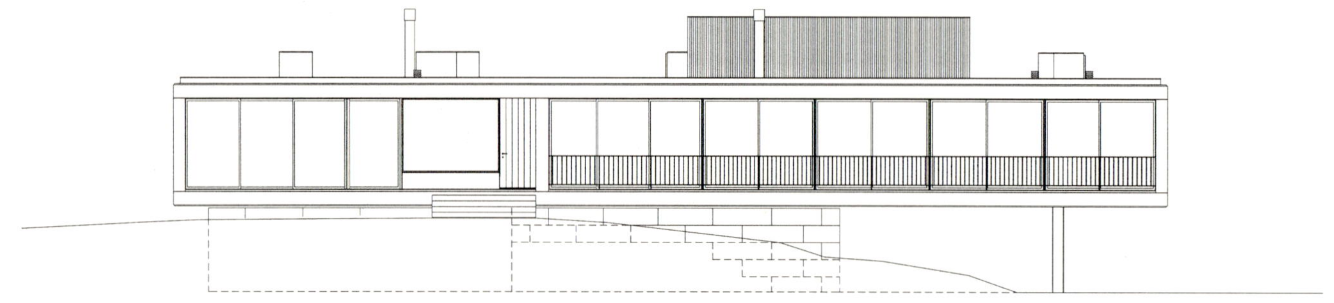

South elevation Alzado sur

In contrast with the ground floor—a parallelepiped that is almost blind and embedded in the land—the upper story, which contains the house's main rooms, opens on to the south façade by means of a balcony and a porch with an entrance to the building.

En contraste con la planta baja, un paralelepípedo casi ciego y enterrado en el solar, la planta superior, que incluye las principales estancias de la vivienda, se abre en la fachada sur con un balcón y un porche que da acceso al edificio.

Montauk House
Casa en Montauk

Murdock Young Architects

Montauk House

This remote lot, tucked on the top of a cornice facing the Block Island Strait, is surrounded on three quarters of its perimeter by water, wetlands and woods. The client commissioned a home that would have minimal impact on the environment, enjoy unbeatable panoramic views and offer all the comfort proper to a second home. Each space was carefully examined with respect to the effects of the sun and wind, as well as the views, and the house was conceived as a lens that had to continually frame and highlight even the most subtle changes in the environment.

The two volumes that make up the house, arranged in an L-shape, fulfil different functions: one contains the communal areas and the other the private ones. In the former case, the upper floor holds the kitchen, dining room and lounge, complemented by a terrace. This part of the house is constructed as an overhang supported by pillars and offers a splendid panoramic view of the surrounding landscape through the large windows that make up the perimeter to the north and northeast. The lower floor comprises the sitting room and an additional outdoor lounge area, marked off and shielded by the top floor, as well as a swimming pool with a solarium. The two levels of the other volume boast four bedrooms endowed with magnificent views of the strait.

The dominant material, both indoors and outdoors, is wood, and its warmth provides a contrast with the coldness of the beams and pillars in the daytime areas. The scarcity and asymmetry of the openings on the façade with the entrance are compensated by the transparency of the perimeter, which projects toward the sea and makes the house almost invisible from the beach, while also offering its occupants extraordinary views.

Casa en Montauk

Enclavado en lo alto de una cornisa orientada al estrecho de Block Island, este remoto solar se encuentra rodeado en tres cuartas partes de su perímetro por agua, humedales y bosques. El cliente encargó la construcción de una vivienda que produjese el mínimo impacto medioambiental, que disfrutase de un inmejorable panorama y que ofreciese todas las comodidades propias de una segunda residencia. Cada espacio fue cuidadosamente estudiado en relación con los efectos del sol, el viento y las vistas, y la vivienda se concibió como una lente que continuamente debía enmarcar y magnificar los cambios más sutiles del entorno.

Los dos volúmenes que conforman la vivienda, dispuestos en forma de L, cumplen funciones diferenciadas: uno alberga las zonas comunes y el otro las privadas. En el primero se encuentran, en el piso superior, la cocina, el comedor, una sala y una terraza. Esta parte del edificio está construida en voladizo sobre pilares y ofrece una espléndida panorámica del paisaje circundante a través de los grandes ventanales que conforman el perímetro norte y noroeste. La planta baja comprende la sala de estar y otra sala exterior delimitada y resguardada por el piso superior, además de una piscina con solárium. El segundo volumen acoge en sus dos niveles cuatro dormitorios que gozan de magníficas vistas del estrecho.

El principal material utilizado tanto en el interior como el exterior es la madera, cuya calidez se combina con la frialdad de las vigas y los pilares en las zonas de día. La escasez y asimetría de las aberturas en la fachada de acceso a la vivienda se ven compensadas por la diafanidad del perímetro, que se vuelca hacia el mar y que hace la casa casi invisible desde la playa, a la vez que proporciona a sus habitantes una panorámica y un ambiente extraordinarios.

Architect: Murdock Young Architects

Collaborators: Shea Murdock, AIA, Casey Feeney, Tom Ambler, Naoki Seshimo, Jenny Nolan

Photography: Michael Moran

Location: Montauk, New York, USA

Surface area: 9,838 sq. ft.

Arquitecto: Murdock Young Architects

Colaboradores: Shea Murdock, AIA, Casey Feeney, Tom Ambler, Naoki Seshimo, Jenny Nolan

Fotografía: Michael Moran

Localización: Montauk, Nueva York, Estados Unidos

Superficie: 914 m²

The continuity of the fireplace and the pillars between the two floors of the wing with the communal areas contrasts with the marked horizontality of the volume.

La continuidad de la chimenea y los pilares entre las dos plantas del ala que aloja las zonas comunes contrastan con la marcada horizontalidad del volumen.

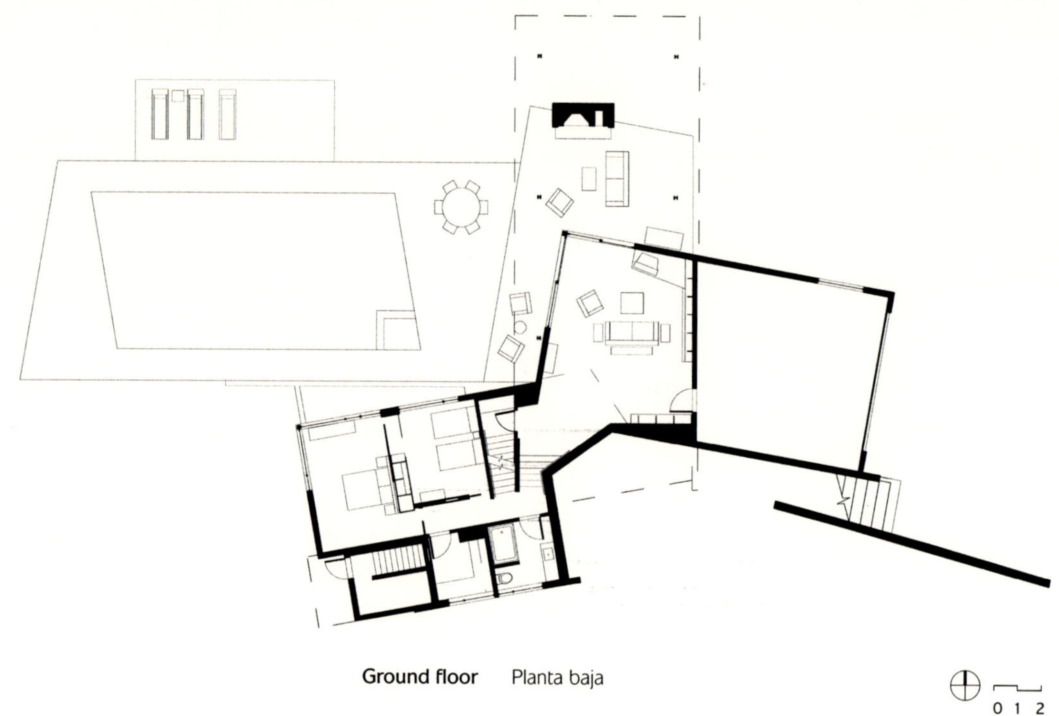

Ground floor   Planta baja

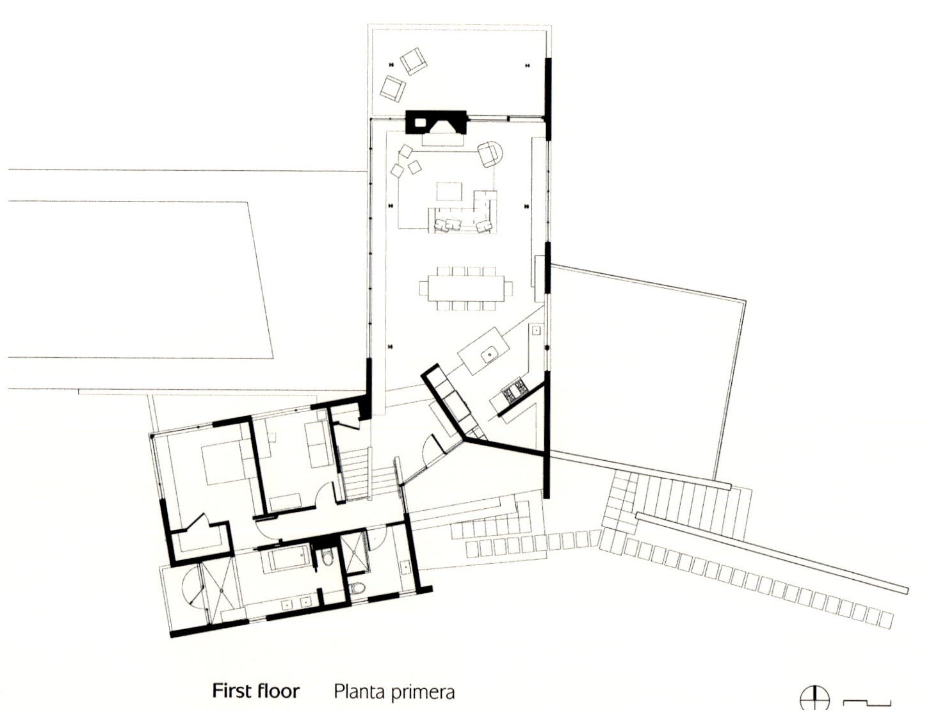

First floor   Planta primera

House in Clonakilty
Casa en Clonakilty

Niall McLaughlin Architects

House in Clonakilty

On the southwest coast of Ireland, all meteorological phenomena, whether favorable or unfavorable, come from the Atlantic Ocean. In the shelter of a small cape near the Galley Head lighthouse, a house was built years ago for the coastguard, and its placement guaranteed the success of many a rescue mission.

McLaughlin's project involved refurbishing this robust house—set by the ramp leading to the sea—and its hangar, as well as adding a new building. The three volumes are linked by an asymmetrical cross-shape cloister that provides the garden in the courtyard leading to the beach with protection from the wind. The need to shelter the old house from the inclement weather had caused it to be built facing south-southeast, but this reduced the hours in which it was exposed to sunlight. As the sun is a precious commodity in Ireland, the new volume was designed to capture the very last rays of the setting sun by placing it on an outcrop that juts into the sea, out of reach of the shadows of the neighboring hills.

The refurbishment involved putting the bedrooms in the two original buildings, while the communal areas—sitting room, dining room and kitchen—were concentrated in the new extension, whose layout suggests a journey toward the horizon. The road, which has no view of the sea, leads to a small garden with access to the house. A long glass corridor extends from the front door to culminate in a large dining-room table, beyond which a window frames the view of a beach in the distance at the other side of the bay. As visitors progress along the corridor, two new spaces open up: the sitting room, complete with views of the sea, and a stunning panorama to the south. In this way, the house becomes a frame for a much larger stage and its architecture can only be understood by taking into account the relationship between the interior and the scenery outside.

Casa en Clonakilty

En la costa sudoeste irlandesa todos los fenómenos meteorológicos, sean favorables o desfavorables, provienen del océano Atlántico. Cerca del faro de Galley Head, batido habitualmente por el viento y las tormentas y testigo de innumerables naufragios, se construyó hace años la casa del guardacostas a sotavento de un pequeño cabo, emplazamiento que aseguraba el éxito de buena parte de las salidas de salvamento.

El proyecto de McLaughlin consistió en reformar esta sólida casa, construida sobre la rampa de acceso al mar, y el hangar, además de añadir una nueva edificación. Los tres volúmenes quedaron unidos por un claustro cruciforme asimétrico, que protege del viento el patio ajardinado desde el que se accede a la playa. En el pasado, la necesidad de resguardar la antigua casa de las inclemencias del tiempo obligó a elegir una orientación este-sur-este, que comportaba también una disminución de las horas de sol. Teniendo en cuenta lo valioso que es el sol en Irlanda, el nuevo volumen fue diseñado para captar los últimos rayos del sol poniente, asentándolo sobre un saliente de tierra que se adentra en el mar y se aleja de la sombra de las colinas cercanas.

Después de la reforma, las dos edificaciones originales fueron destinadas a albergar los dormitorios, mientras que la nueva ampliación concentró las zonas comunes: sala, comedor y cocina. La distribución de este último volumen responde a un viaje hacia el horizonte. La carretera, desde la que el mar queda escondido, conduce a un pequeño jardín por el que se accede a la casa. Tras la puerta de entrada se extiende un largo pasillo acristalado que culmina en una gran mesa de comedor, más allá de la cual un ventanal enmarca la vista de una lejana playa al otro lado de la bahía. A medida que se avanza por el corredor, se abren dos nuevos espacios: la sala, con vistas al mar, y la imponente panorámica hacia el sur. Así, la casa se convierte en el marco de un escenario de mayores dimensiones y su arquitectura sólo puede ser comprendida contemplando el exterior desde dentro.

Architect: Niall McLaughlin Architects

Photography: Nick Kane

Location: Clonakilty, Cork, Ireland

Surface area: 2,960 sq. ft.

Arquitecto: Niall McLaughlin Architects

Fotografía: Nick Kane

Localización: Clonakilty, Cork, Irlanda

Superficie: 275 m²

The new building is aligned with the narrow outcrops of land that plunge into the sea along the south coast of Ireland, and, like them, it ventures into the ocean by protruding beyond the retaining wall.

La nueva construcción está alineada con los estrechos salientes de tierra que se adentran en el mar a lo largo de la costa sur irlandesa y, como éstos, tiende hacia el océano proyectándose más allá del muro de contención.

Ground floor Planta baja

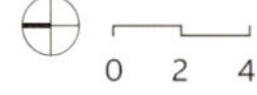

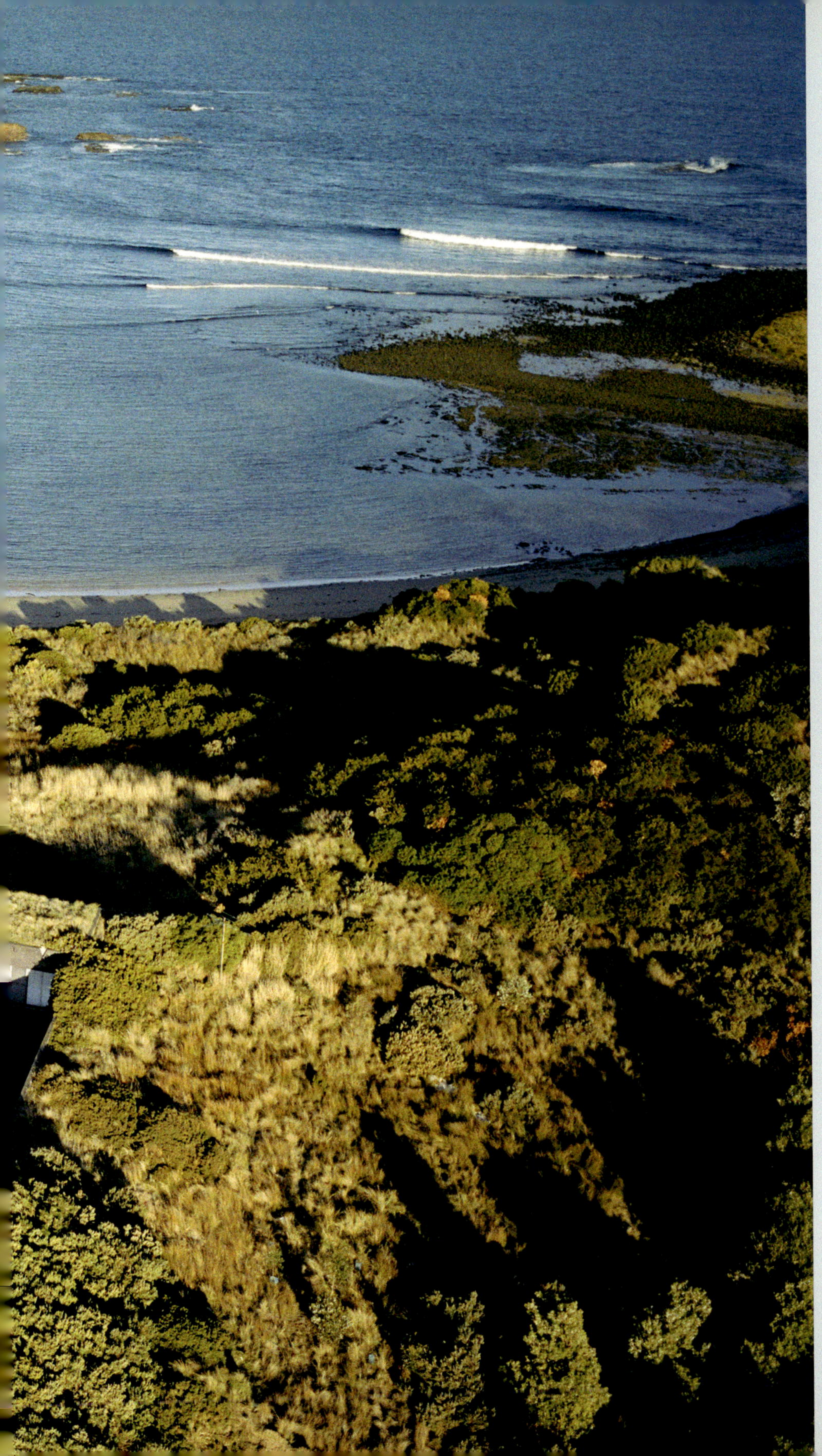

Marshall House

Casa Marshall

Denton Corker Marshall

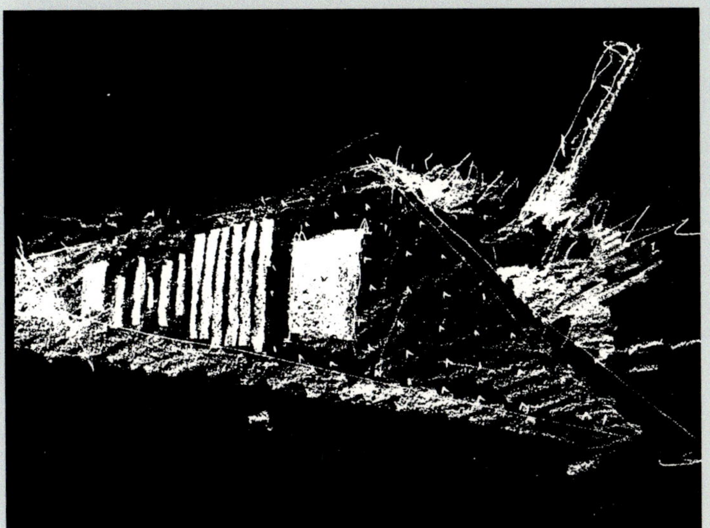

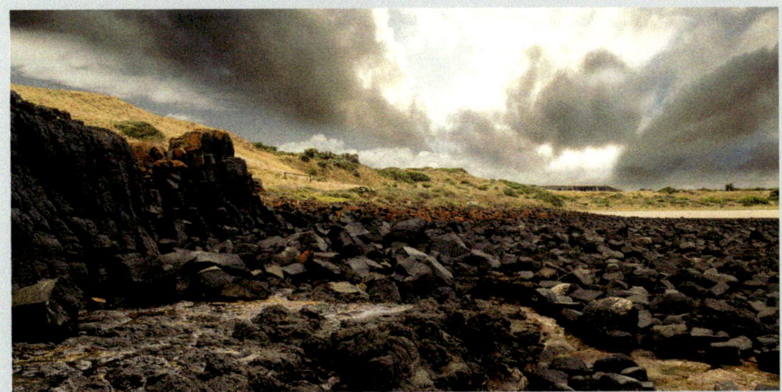

Marshall House

Casa Marshall

This unusual second home is set in a solitary bay on the south coast of Australia. When seen from the beach, the house appears to be merely a thin black line—the same color as the rocks—bordered all around by the yellowish grass that covers the dunes; when seen from inland, the house is completely out of sight, as if buried in the sand. The architects' aim was to design a building that went unnoticed and was an entity in its right, rejecting any link with its surroundings.

The house itself consists of a narrow concrete parallelepiped that in fact forms one side of a large, square patio covered with a lawn and bordered on its other three sides by imposing, 3-ft-high concrete walls. The walls barely seem to hold back the sand that accumulates all around them and they make the house totally invisible. On the east side, a path between the dunes leads to an opening that provides access to the property.

Only the two rooms at each end—the sitting room and the main bedroom—open on to the northern and southern façades. The remaining bedrooms and bathrooms enjoy views of the beach via windows whose dimensions and placement are determined by specific features in the surrounding landscape. On the inland side, the rooms are linked by a corridor endowed with small openings arranged symmetrically along the lower third of the wall giving on to the patio. Also on this façade, a glass cube juts out next to the entrance door, acting as a porch that provides shelter from the wind, as well as benefitting from the heat trapped by the patio in winter.

The Marshall House fails to supply one iota of the warmth associated with a house intended for relaxation; in fact, its austere exterior is matched by its bare interior walls and stark decoration. Hidden among the dunes, it evokes a bunker lying in wait for an enemy rather than a weekend getaway.

Esta singular segunda residencia está ubicada en una solitaria bahía de la costa sur australiana. Desde la playa la casa se revela únicamente como una delgada línea negra —el mismo color de las rocas— delimitada en todo su contorno por la hierba amarillenta que cubre las dunas. Enterrado en la arena, el volumen queda completamente oculto si se observa el paisaje desde tierra adentro. El objetivo de los arquitectos fue diseñar una edificación que pasara inadvertida y tuviese entidad por sí misma, rechazando toda vinculación con el entorno.

La vivienda en sí consiste en un estrecho paralelepípedo de hormigón que, en realidad, conforma uno de los lados de un amplio patio cuadrado cubierto de césped y flanqueado por imponentes muros de hormigón de tres metros de altura en sus tres otros costados. Los muros parecen contener a duras penas la arena que se acumula en todo su contorno y proporcionan una invisibilidad perfecta a la casa. En el flanco este, un camino practicado entre las dunas conduce a una abertura que da acceso al recinto.

Únicamente las dos habitaciones de los extremos —la sala y el dormitorio principal— se abren a las fachadas norte y sur de la vivienda. El resto de los dormitorios y baños disfrutan de vistas de la playa gracias a ventanales cuyas dimensiones y ubicación vienen determinadas por los elementos concretos del paisaje que enmarcan. En el lado opuesto, las estancias se comunican mediante un pasillo que cuenta con pequeñas aberturas dispuestas simétricamente a lo largo del tercio inferior de la pared que da al patio. En esta misma fachada, un cubo acristalado sobresale junto a la puerta de entrada y ejerce de porche resguardado del viento, que goza además del calor que queda atrapado en el patio durante el invierno.

La casa Marshall no aporta ni un ápice de la calidez que se espera en una vivienda destinada al descanso, sino que su sobrio aspecto exterior va a la par con la desnudez de sus paredes y su interiorismo aséptico. Oculta entre las dunas, recuerda más a un búnker que espera la llegada del enemigo que a un refugio de fin de semana.

Architect: Denton Corker Marshall

Photography: John Gollings

Location: Philip Island, Australia

Surface area: 3,229 sq. ft.

Arquitecto: Denton Corker Marshall

Fotografía: John Gollings

Localización: Philip Island, Australia

Superficie: 300 m²

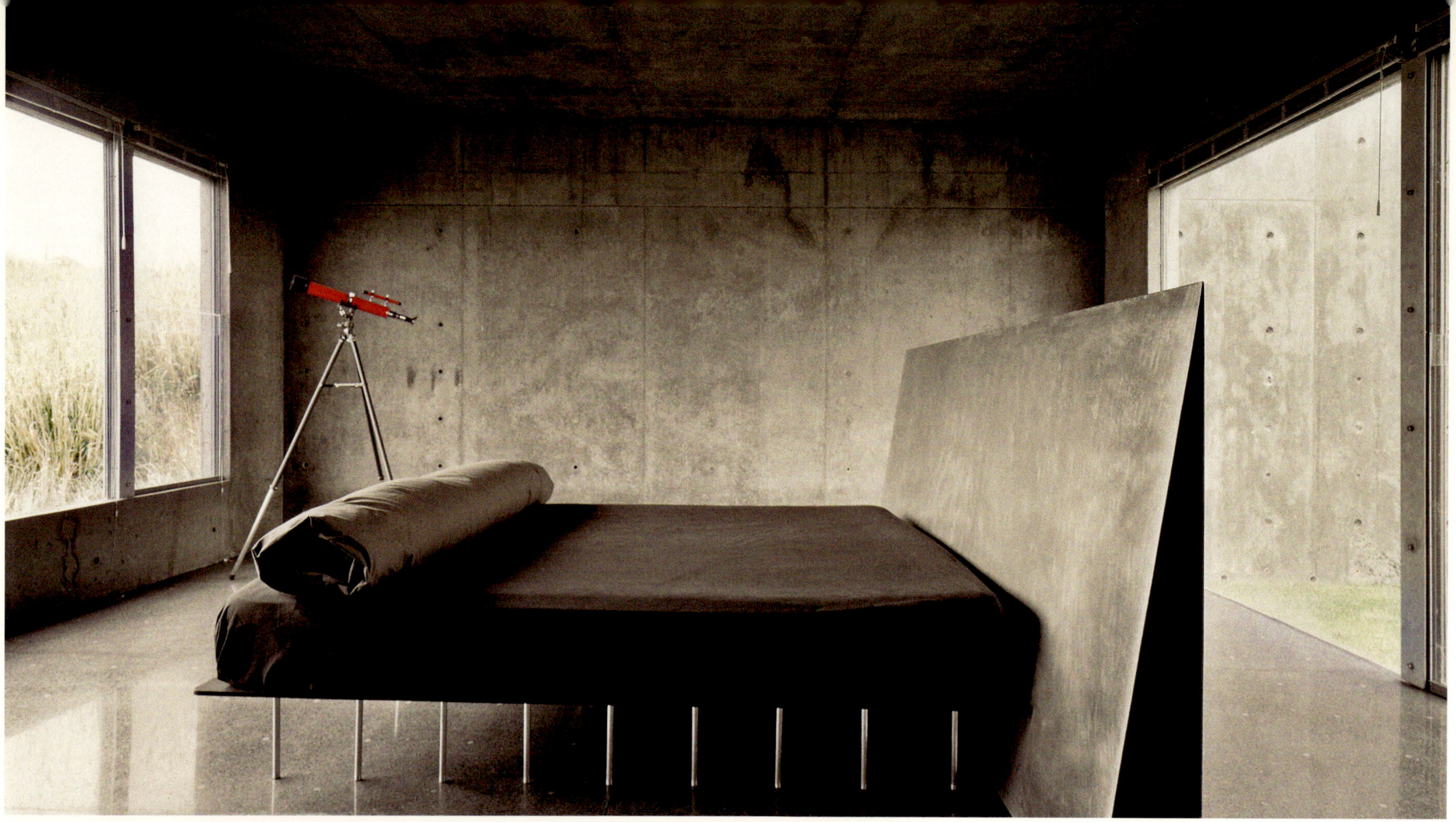

The house and landscape establish a reciprocal relationship in which the sobriety and severity of the former accentuate the spectacularly bright colors of the latter, and vice versa.

Casa y paisaje establecen una relación recíproca en la que la sobriedad y severidad de la primera acentúan la espectacularidad y viveza de colores del segundo y viceversa.

Mountain houses   Casas en la montaña

Dancing Bear
Dancing Bear

Blake McGregor Globe/B Space Architecture

Dancing Bear

The Dancing Bear project—a house set at a height of 7,545 ft in the mountains of Arizona—was influenced from the outset by its status as a second home and the special characteristics of its environment. In the first case, this meant that the client sought a quiet spot in which he could both take refuge from the suffocating summer heat of the Arizona desert and relax in winter after the exertion of skiing in the nearby resort of White Mountain. In the second case, the building is set on a flat lot surrounded by a dense wood of Ponderosa Pines and Apache Plumes that is home to a host of animals, such as squirrels, deer and elks.

The house comprises a large wooden structure clad in dovetailed cedar wood, although this is replaced by pine on all the interior walls and ceilings. The ground floor is paved with slates, placed on top of small concrete slabs that support the radial heating system.

The building's dynamic exterior structure is marked by the distinctive interior layout, which contracts and expands before culminating in the monumental window in the large central room. The house's position was partly determined by the view that would be revealed by this enormous glass wall, as it had to exclude both the neighboring houses and the road. The spacious, double-height sitting room invites the natural world to step inside the home. At one end of this room, a staircase goes up to the upper level—a loft connected to the exterior by means of a terrace.

When drawing up the project, B Space Architecture took into account environmental considerations such as the conservation of energy. The morning sun penetrates into the bedrooms, while the south-facing position of the window in the large central sitting room makes it possible to take full advantage of the daylight hours. In contrast, the carefully calculated articulation of the roof allows the slate floor to be fully exposed to the winter sunshine, enabling it to absorb heat throughout the day and then release it during the night.

Dancing Bear

El proyecto Dancing Bear, una vivienda ubicada en las montañas de Arizona a 2.300 m de altitud, estuvo marcado desde un principio por su condición de segunda residencia y por la particularidad del entorno. En primer lugar, el cliente buscaba un lugar tranquilo donde refugiarse del asfixiante calor estival del desierto de Arizona y en el que descansar en invierno tras las agotadoras jornadas de esquí en la cercana estación de White Mountain. En segundo lugar, la construcción está emplazada en un terreno llano rodeado de un denso bosque de pinos apache y ponderosa, hogar de una variada fauna que incluye ardillas, ciervos y alces.

La casa está formada por una gran estructura de madera recubierta de un machihembrado de cedro, material que es sustituido por el pino en las paredes y el techo del interior de la vivienda. El pavimento de la planta baja es de baldosas de pizarra, colocadas sobre losetas de hormigón que sustentan la calefacción radial.

La dinámica estructura exterior del edificio viene marcada por la peculiar disposición del espacio interior, que se contrae y se expande hasta culminar en la monumental cristalera de la amplia estancia central. La orientación de la casa estuvo determinada en parte por la vista que debía revelar esa gran pared de cristal, en la que no podían aparecer las casas vecinas ni la carretera. La espaciosa sala, de doble altura, se abre al sur e invita a la naturaleza a adentrarse en la vivienda. De un extremo de la habitación sale una escalera hacia el piso superior, un loft que se vuelca al exterior mediante una terraza.

En el diseño del proyecto B Space Architecture tuvo en cuenta criterios medioambientales, entre ellos el ahorro de energía. El sol matinal penetra en los dormitorios, que dan al este, y la orientación meridional del ventanal de la gran sala central permite aprovechar al máximo las horas de sol. Por otro lado, la estudiada articulación de la cubierta proporciona sombra en verano y favorece la plena exposición del pavimento de pizarra al sol de invierno, con lo que el suelo absorbe calor a lo largo del día para irradiarlo durante la noche.

Architects: Blake McGregor Globe/B Space Architecture
Photography: Bjorg Magnea
Location: Pinetop, Arizona, United States
Surface area: 2,000 sq. ft.

Arquitectos: Blake McGregor Globe/B Space Architecture
Fotografía: Bjorg Magnea
Localización: Pinetop, Arizona, Estados Unidos
Superficie: 185 m²

The inviting central space, organized around the fireplace, reflects the client's need to set up a quiet, relaxing space in which to enjoy the landscape.

El acogedor espacio central, organizado alrededor de la chimenea, responde al requerimiento del cliente de construir un lugar de calma y recogimiento desde el que disfrutar del paisaje.

BR House

Casa BR

Marcio Kogan, Bruno Gomes

BR House

In the northern part of the state of Rio de Janeiro the sierra is covered by dense rain forest dotted with granite mountains. Marcio Kogan was commissioned to continue a project left unfinished by another architect, situated on a remote plot of little more than two acres that was rescued from the jungle. Pillars had been rooted into the ground to support a steel structure that served as a base for a heavy bridge, also in steel, that crossed over a stream.

Kogan adapted these pre-existing elements, lacking in any symmetry, to his scrupulously ordered minimalism. He lengthened and widened the bridge to create a large wooden terrace covered by a huge, natural vault of foliage; at the other end, the bridge links up with the area allocated for parking. The outstanding elements of the house's structure are two enormous monolithic concrete slabs that serve as the floor and the roof of the first story, which is supported by stone pillars and walls. The façades are covered by vertical wooden strips that filter the light, but these can be totally pushed back on the terraces by the bedrooms, creating a beautiful effect when the lighting is switched on at night in the midst of the lush forest. Large fixed glass panels are fitted behind the wood, making up a large portion of the walls and so leaving the magnificent landscape open to view.

The layout of the rooms is markedly distinct on the two floors. The level raised contains four bedroom suites, a bathroom, the kitchen and the living-dining room, while on the floor below pride of place goes to the air-conditioned swimming pool and sauna. Above all, a rock invades the house from the exterior. This floor also boasts a large glass entrance more than 65 ft long, which opens up the house to its surroundings.

The predominant materials are concrete, wood, metal, aluminum and glass, and these combine to ensure the volume's perfect integration into the mountains around it.

Architects: Marcio Kogan, Bruno Gomes

Collaborators: Diana Radomysler, Samanta Cafardo

Photography: Nelson Kon

Location: Araras, Rio de Janeiro, Brazil

Surface area: 7,954 sq. ft.

Casa BR

Al norte del estado de Río de Janeiro la sierra está cubierta de una densa selva pluvial punteada por montes de granito. Marcio Kogan recibió el encargo de continuar la obra inacabada de otro arquitecto situada en un remoto terreno robado a la jungla de poco más de media hectárea de superficie. Anclados al suelo selvático, unos pilares sustentaban una estructura de acero de la que partía un pesado puente del mismo material que salvaba un arroyo.

Kogan adaptó esos elementos previos faltos de toda simetría a su minimalismo ordenado. Alargó y amplió el puente hasta obtener una amplia terraza de madera cubierta por una gran bóveda natural de árboles; en el otro extremo, el puente enlaza con el área destinada a aparcamiento. Los elementos sobresalientes en la estructura de la vivienda son dos inmensas losas monolíticas de cemento que cumplen la función de suelo y cubierta del primer piso, sustentado éste sobre pilares y paredes de piedra. Las fachadas están recubiertas por unas lamas verticales de madera que filtran la luz, pero que pueden retirarse completamente en las terrazas de los dormitorios. Por la noche, esta superficie iluminada crea un bello efecto en medio de la frondosa selva brasileña. Las grandes cristaleras empotradas que se esconden tras la madera y conforman buena parte de las paredes permiten contemplar el magnífico paisaje.

La distribución de las estancias está claramente diferenciada entre las dos plantas de la vivienda. El piso elevado sobre pilares acoge cuatro dormitorios suite, un baño, la cocina y el salón comedor, mientras que en la planta baja el protagonismo es para la piscina climatizada y la sauna, que comparten escenario con las zonas de servicio y de almacenaje, pero sobre todo con una roca que invade la casa desde el exterior. También en este piso una gran puerta de cristal de más de 20 m de longitud abre la casa a la selva que la envuelve.

Entre los materiales utilizados predominan el cemento, el metal, la madera, el aluminio y el cristal; elementos que, sumados, contribuyen a la perfecta integración del volumen en la región montañosa en la que está ubicado.

Arquitectos: Marcio Kogan, Bruno Gomes

Colaboradores: Diana Radomysler, Samanta Cafardo

Fotografía: Nelson Kon

Localización: Araras, Río de Janeiro, Brasil

Superficie: 739 m²

The upper story, supported by pillars, contains the main rooms, which thus benefit from views of the lush forest setting. This desire to stand above the land is absent on the ground floor and the terraces, where Nature seeps through the walls and on to the floors.

La planta superior, sustentada sobre pilares, acoge las estancias principales, que ganan así algo de perspectiva respecto al frondoso entorno selvático. Esta voluntad de elevarse sobre el terreno es inexistente en la planta baja y en las terrazas, donde la naturaleza atraviesa paredes y pavimentos.

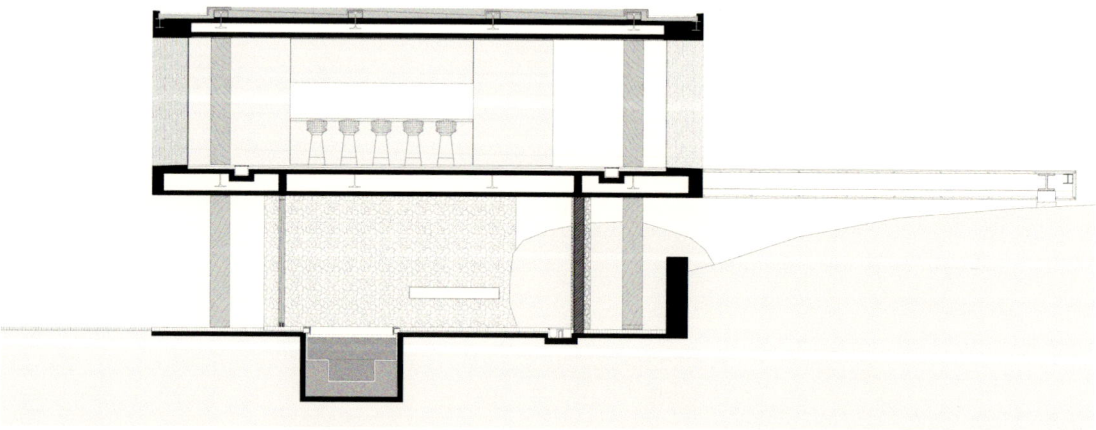

Cross section   Sección transversal

0   1   2

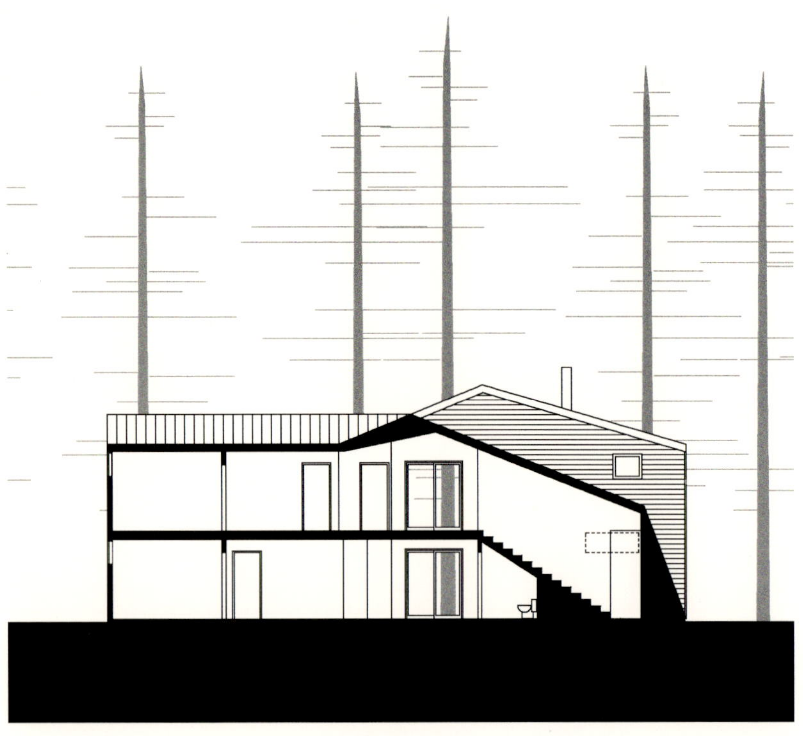
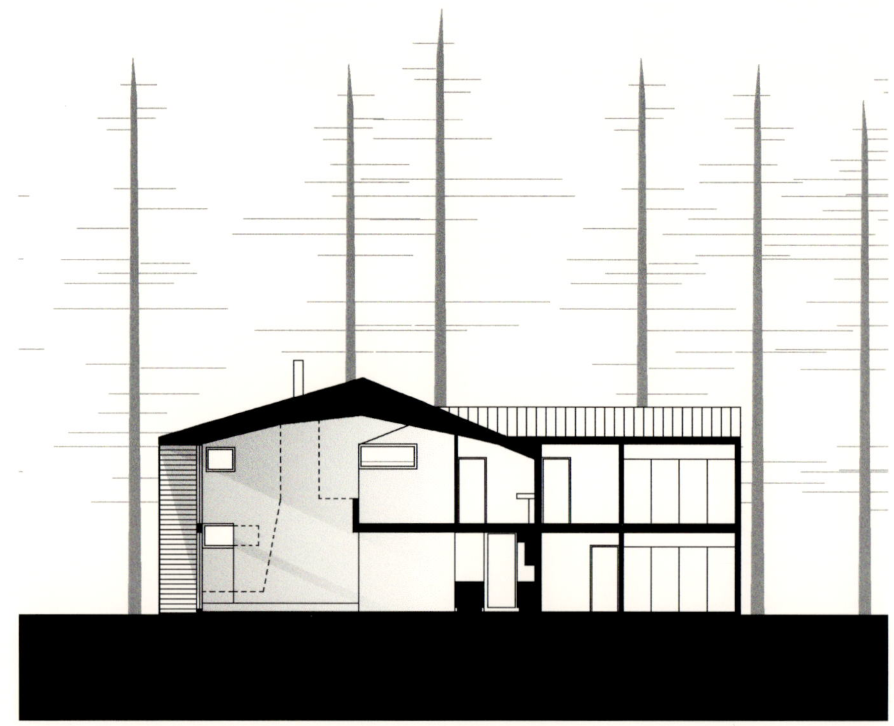

Longitudinal sections   Secciones longitudinales

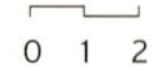

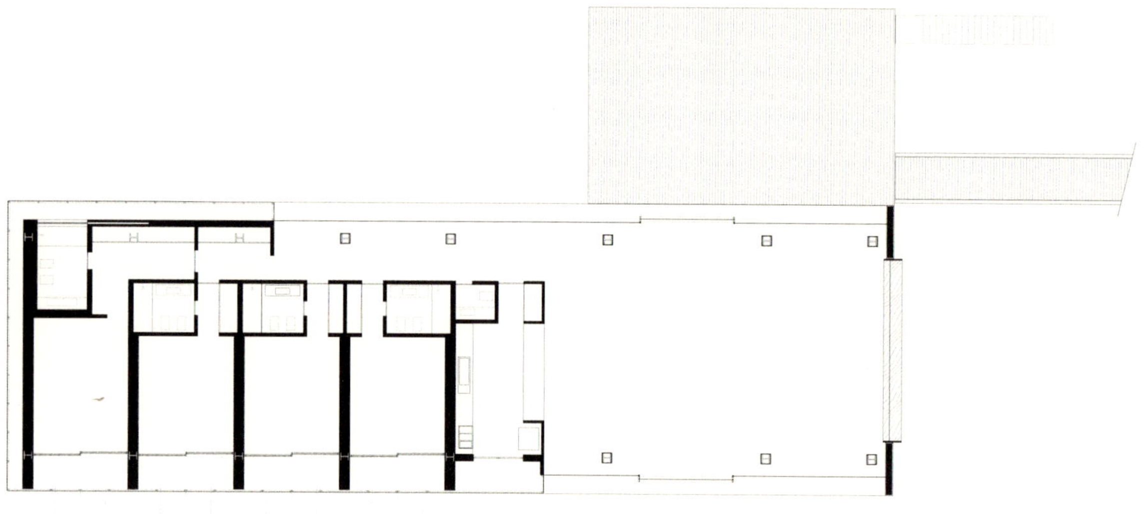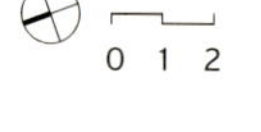

First floor   Planta primera

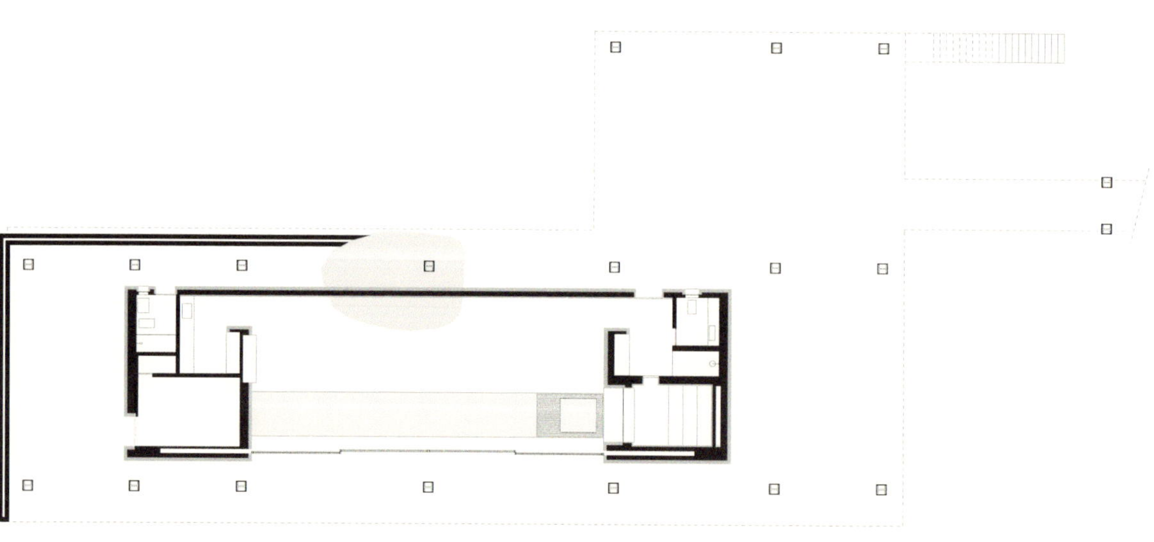

Ground floor   Planta baja

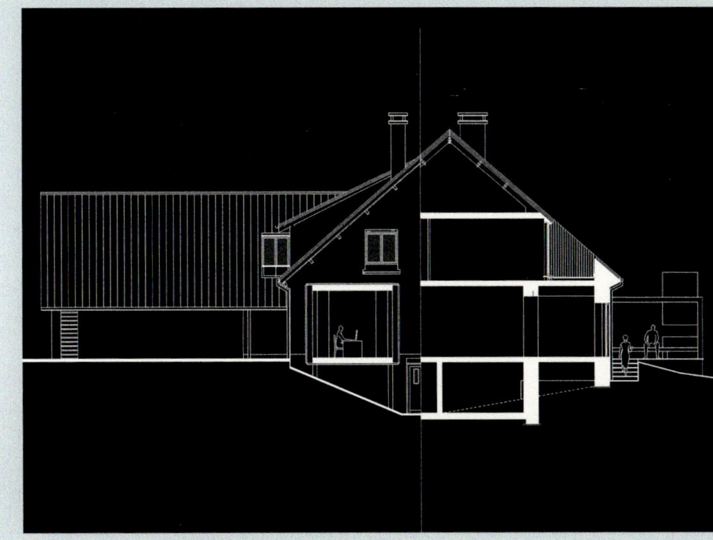

House in Asse

Casa en Asse

Lens Ass Architecten

House in Asse

The team from Lens Ass Architects was commissioned to refurbish a house in Asse, close to Brussels; the brief included the addition of an office wing to the original building and the creation of an open-air barbecue area.

The two floors of this house with a garden are divided into a daytime area—the ground floor—and a night-time one on the upper story. On the lower level, the hall provides access, on one side, to the highly compartmentalized service area and, on the other, to a large space divided by mobile panels that takes in the kitchen, with an adjacent closet, and the living-dining room. This room opens on to the large terrace, which includes the new barbecue area specially designed by the architects. The living-dining room communicates with the library, which leads to the new wing with workspace—a long, transparent structure made of steel and glass that is supported by pillars and protected by the shade of the surrounding trees. The upper story, reached via the staircases rising from the hall, is occupied by five bedrooms, with pride of place going to the spacious guest bedroom, whose floor surface matches that of the garage below.

The refurbishment of the house involved creating a restful atmosphere, achieved through the homogeneity of the materials and color scheme, as well as a greater awareness of the garden and the views from inside the house, as a result of the enlargement of the openings all along the façade. Wood is one of the dominant features of the refurbishment, as it was the material chosen for the new flooring and much of the furniture (also designed by the architects). A similar sense of harmony was also sought in the house next to the swimming pool, which is hidden behind a translucent glass screen to create a beautiful interplay of light and shadow, as well as to prevent any disruption to the unity of the garden.

Casa en Asse

El equipo de Lens Ass Architects recibió el encargo de remodelar una vivienda emplazada en Asse, una localidad cercana a Bruselas, que incluyó una ampliación de la superficie original consistente en una ala destinada a albergar un despacho y una zona al aire libre para la barbacoa.

Las dos plantas de esta casa con jardín están distribuidas en una zona de día —planta baja— y otra de noche —planta superior—. En la planta inferior el recibidor da acceso, por un lado, al área de servicios, muy compartimentada, y por otro, a un gran espacio dividido con paneles móviles que comprende la cocina, más una alacena contigua, y el salón comedor. Esta estancia se abre a la amplia terraza, que incluye la nueva zona de barbacoa diseñada especialmente por los arquitectos. El salón comedor comunica con la biblioteca, a continuación de la cual se añadió la nueva ala de la zona de trabajo, una alargada estructura diáfana de acero y cristal que se sustenta sobre pilares y queda protegida por la sombra de los árboles circundantes. La planta superior, a la que se accede por las escaleras que parten del recibidor, está ocupada por cinco dormitorios, entre los que destaca la amplia habitación de invitados, cuya superficie coincide con la del garaje, ubicado en el nivel inferior.

La reforma de la vivienda consistió en crear un ambiente de serenidad proporcionado por la homogeneidad cromática y de materiales, así como por la mayor presencia del jardín y las vistas en la casa, resultado de la ampliación de las aberturas en toda la fachada. La madera es uno de los grandes protagonistas de la renovación, ya que fue el material escogido para el nuevo pavimento y buena parte del mobiliario, diseñado por los arquitectos. La búsqueda de la armonía se aplicó también en la casa adyacente a la piscina, que se ocultó tras una pantalla de cristal translúcido a fin de conseguir un bello efecto de luces y transparencias en la oscuridad y evitar romper la unidad del jardín.

Architect: Lens Ass Architecten

Photography: Giorgio Possenti/Vega MG

Location: Asse, Belgium

Surface area: 7,696 sq. ft.

Arquitecto: Lens Ass Architecten

Fotografía: Giorgio Possenti/Vega MG

Localización: Asse, Bélgica

Superficie: 715 m²

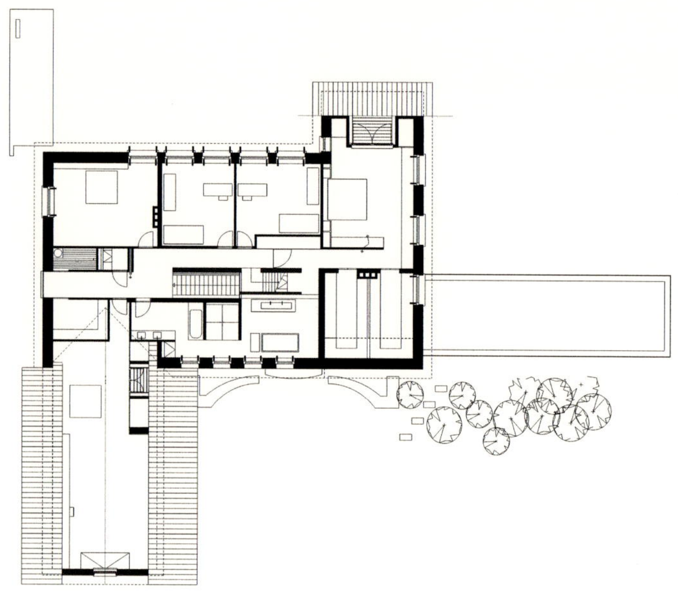
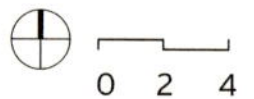

First floor   Planta primera

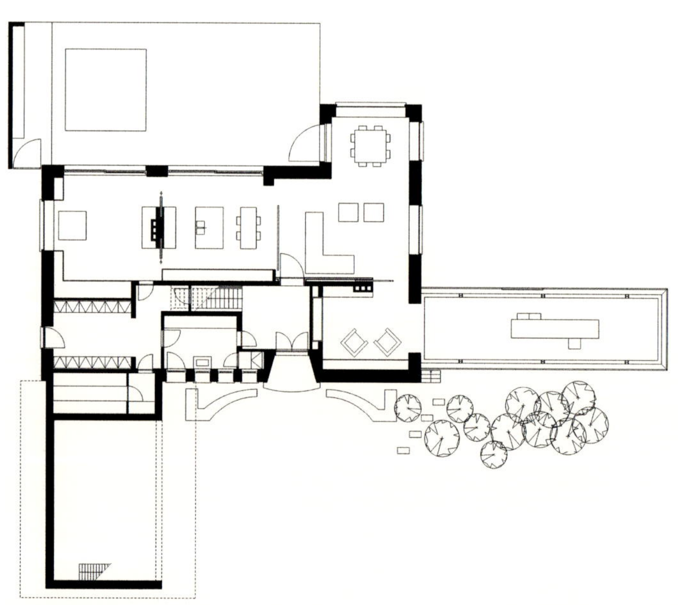
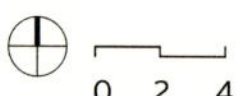

Ground floor   Planta baja

House in Livigno

Casa en Livigno

Renato Maurizio

House in Livigno

A young Italian couple commissioned the Swiss architect Renato Maurizio to build this house on a lot in Italian Alpine town of Livigno, surrounded by several chalets built in accordance with local architectural traditions. Maurizio was given two basic briefs: firstly, to design a building adapted to the mountainous natural surroundings and, secondly, to reinterpret the architectural heritage to produce a new version of the typical Alpine chalet.

The garage was built on the highest part of the lot to act as a division between the public and private spaces. The house itself was set on a lower level, separated by a small garden; slightly buried in the land, it turns its irregular mass toward the Livigno valley. The east façade receives the morning sun through the large windows; on the other side, in contrast, the openings are lower on account of the marked slope of the roof.

The separation between the daytime and night-time areas determined both the design of the two floors and the house's exterior appearance. The lower level, built with sturdy walls made with local stone to support the lighter upper story, was reserved for the bedrooms and bathroom. The entrance to the house is in the garden and leads to the upper floor, which contains the daytime area, clad all round with larch wood. The unadorned structure of the house is left exposed to view in the sitting room, where the great height is set off by larch-wood beams, and on the lower floor, where the rough concrete ceiling contrasts with the white plastered walls and small tiles on one of the bathroom walls. The entire house shares a slate floor that stretches uninterrupted to the porch on the east façade before penetrating the garden.

On the basis of materials associated with the area and the concept of a traditional Alpine house, Maurizio succeeded in linking tradition and modernity without disrupting the harmony of the surroundings.

Casa en Livigno

Una joven pareja italiana encargó la construcción de esta vivienda al arquitecto suizo Renato Maurizio. El terreno, ubicado en la localidad alpina de Livigno, se encuentra rodeado de varios chalés construidos según la tradición arquitectónica de la zona. Maurizio se planteó dos objetivos básicos: por un lado, diseñar un edificio que se adaptase al montañoso entorno natural y, por otro, reinterpretar la herencia arquitectónica para producir una nueva versión del típico chalé alpino.

En la parte más alta del terreno se construyó el garaje, que ejerce de división entre el espacio público y el privado. En un nivel inferior y separada por un pequeño jardín, se emplazó la vivienda en sí, que, ligeramente excavada en el terreno, vuelca su volumen irregular hacia el valle de Livigno. La fachada este recibe a través de los grandes ventanales la luz del sol matinal; en la cara opuesta, en cambio, la altura de las aberturas se reduce debido a la acusada inclinación de la cubierta.

La separación entre zona de día y zona de noche determinó el diseño de las dos plantas y su aspecto exterior. La inferior, una base de robustos muros de piedra local que soporta la más liviana planta superior, se reservó para las habitaciones y el baño. El acceso a la casa se efectúa desde el jardín por la planta superior, que, revestida en todo su perímetro por madera de alerce, alberga la zona de día. La estructura desnuda de la casa queda a la vista en la sala, donde la gran altura está rematada por vigas de alerce, y en la planta inferior, en la que el burdo techo de hormigón contrasta con las paredes enyesadas en blanco y con el revestimiento de gresite de una pared del baño. Toda la vivienda comparte un mismo pavimento de losas de pizarra que no se interrumpe en el porche de la fachada este y se adentra en el jardín.

Partiendo de materiales propios de la zona y del concepto de vivienda alpina tradicional, Maurizio consigue aunar tradición y modernidad sin romper la armonía del entorno.

Architect: Renato Maurizio

Collaborators: Studio Tecnico Associato

Photography: Giorgio Possenti/Vega MG

Location: Livigno, Italy

Surface area: 1,560 sq. ft.

Arquitecto: Renato Maurizio

Colaboradores: Studio Tecnico Associato

Fotografía: Giorgio Possenti/Vega MG

Localización: Livigno, Italia

Superficie: 145 m²

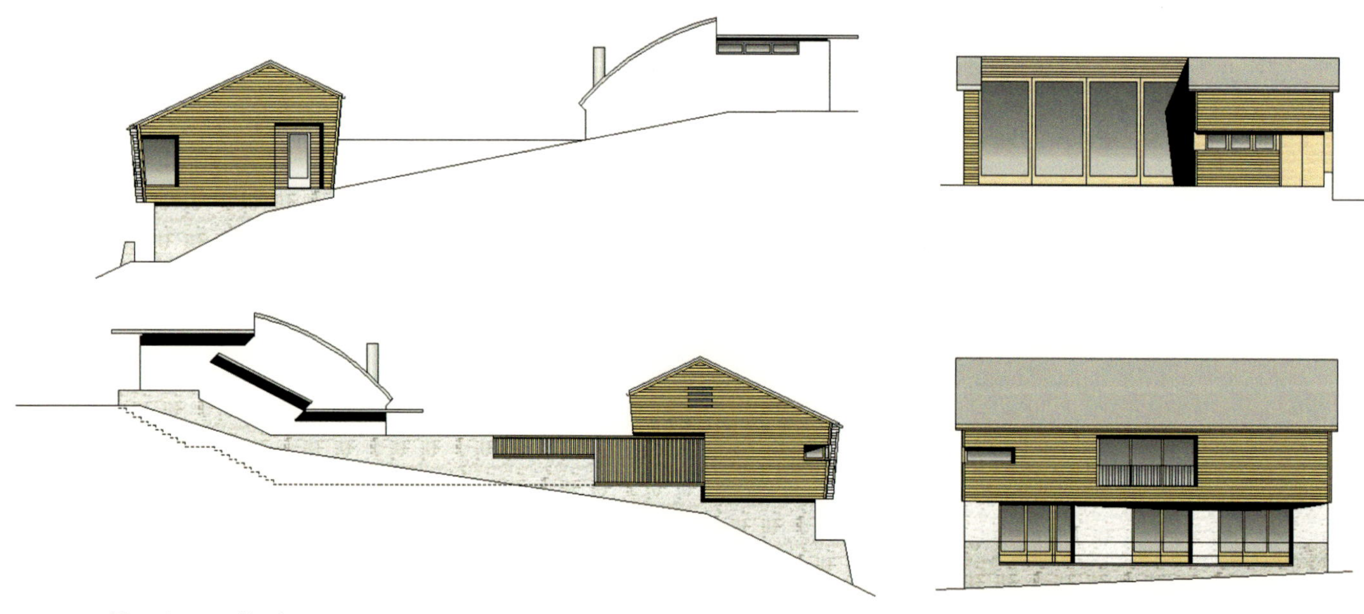

Elevations   Alzados

Residence in Sonoma

Residencia en Sonoma

Aidlin Darling Design

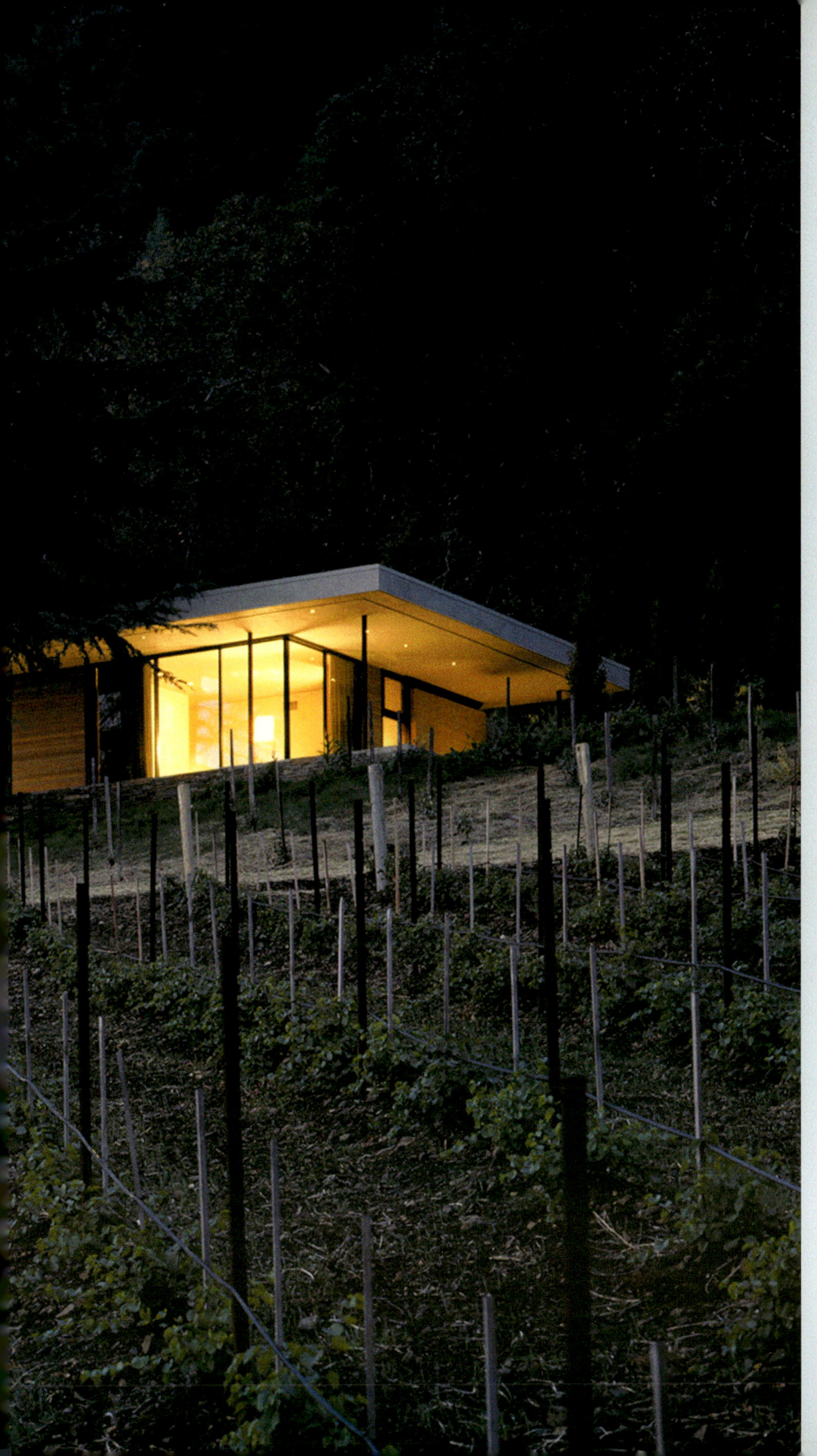

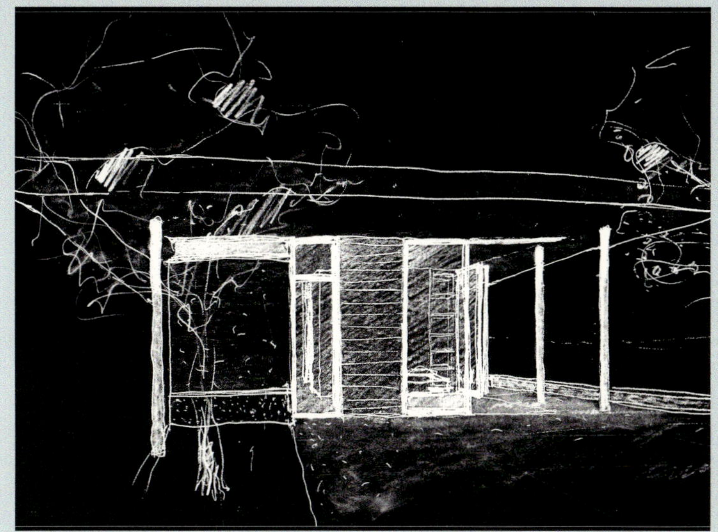

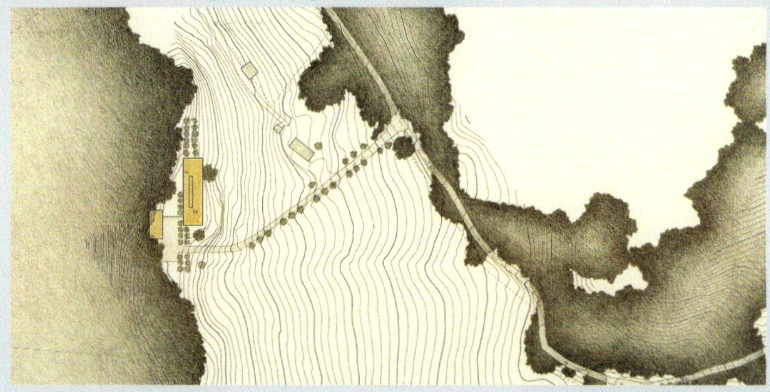

Residence in Sonoma

Aidlin Darling Design designed this summer home set between a wood and a vineyard for clients from San Francisco. It consists of three structures: the main house, a barn and a three-bedroom guest house.

The owners were very conscious of the elegance of classical proportions and the solidity of traditional construction methods, but wanted to combine them with a modern design based on contemporary concepts, taking into account the climatic conditions and landscape of this rural area.

A solid wall made of local stone marks out the basic structure of the house and roots it to the land, while an intimate garden protects it to the east. The parallel planes of the floor and roof extend eastward, where the façade is endowed with large windows that offer impressive views of the vineyard, the valley and the hills in the distance.

The placement of the house was also determined by the desire to make the most of the local climate. The expanse of glass on the eastern perimeter receives the warmth of the morning sun, but this is kept at bay in summer by the striking projection of the roof, while the sturdy wall on the western façade and the shade of the woods protect the house from the intense afternoon sunshine. The skylight in the roof allows the sun and stars into the house, while also providing ventilation by creating convection currents. Similarly, the sliding doors in the glass wall and balconies open the interior on to the terraces around the building, enhancing the open-air lifestyle offered by the pleasant climate of Sonoma.

The rich array of materials—clay, concrete, wood, plaster panels and shiny stainless steel—is balanced by the simplicity of forms and details. This restraint reflects the architects' respect for the surrounding landscape, the inherent beauty of the materials used and, finally, the owner's art and antiques collection.

Residencia en Sonoma

Aidlin Darling Design proyectó para sus clientes de San Francisco esta residencia de verano enclavada entre un bosque y una finca de viñedos y que está formada por tres estructuras: la casa principal, un granero y una casa de invitados de tres habitaciones.

El propietario tenía muy presentes la elegancia de las proporciones clásicas y la solidez de los métodos constructivos tradicionales, que deseaba combinar con un diseño moderno ligado al pensamiento contemporáneo y a las condiciones climáticas y paisajísticas de aquella zona rural.

Un sólido muro de piedra autóctona delimita la estructura básica de la casa y ancla la construcción en el terreno. Flanqueada al oeste por un jardín privado, los planos paralelos del suelo y la cubierta se extienden hacia el este, en cuya fachada grandes ventanales ofrecen unas impresionantes vistas del viñedo, el valle y las colinas distantes.

Se determinó una orientación que permitiese aprovechar al máximo las favorables condiciones climáticas de la zona. Las cristaleras del perímetro este reciben la calidez del sol matinal, mantenido a raya en verano por el generoso voladizo del tejado, mientras que la robusta pared de la fachada oeste y la sombra del bosque protegen la casa del intenso sol de la tarde. La claraboya de la cubierta invita al sol y al firmamento a adentrarse en la casa, a la vez que posibilita la ventilación creando corrientes de convección. Asimismo, las puertas correderas de cristal y las de los balcones abren el interior a las terrazas que rodean la construcción, potenciando el estilo de vida al aire libre que favorece el agradable clima de Sonoma.

La rica gama de materiales de tierra, hormigón, madera, placas de yeso y acero inoxidable patinado se ve equilibrada por la simplicidad de formas y detalles. Este comedimiento es una deferencia de los arquitectos al paisaje circundante, a la belleza inherente de los materiales empleados y, por último, a la colección de arte y antigüedades del propietario de la vivienda.

Architect: Aidlin Darling Design

Collaborators: Marta Fry Landscape Architects, Ingraham DeJesse Associates, Adobe Associates, Giblin Associates

Photography: Jon David Peterson, John Sutton

Location: Sonoma, California, United States

Surface area: 3,200 sq. ft.

Arquitecto: Aidlin Darling Design

Colaboradores: Marta Fry Landscape Architects, Ingraham DeJesse Associates, Adobe Associates, Giblin Associates

Fotografía: Jon David Peterson, John Sutton

Localización: Sonoma, California, Estados Unidos

Superficie: 297 m²

The solid western façade, made of compacted earth and endowed with deep openings that offer selected views of the adjoining garden, isolates the house at times of maximum sunlight.

La sólida fachada oeste, de tierra compactada, en la que profundas aberturas permiten gozar de selectas vistas del jardín contiguo, aísla la casa en las horas de máxima intensidad solar.

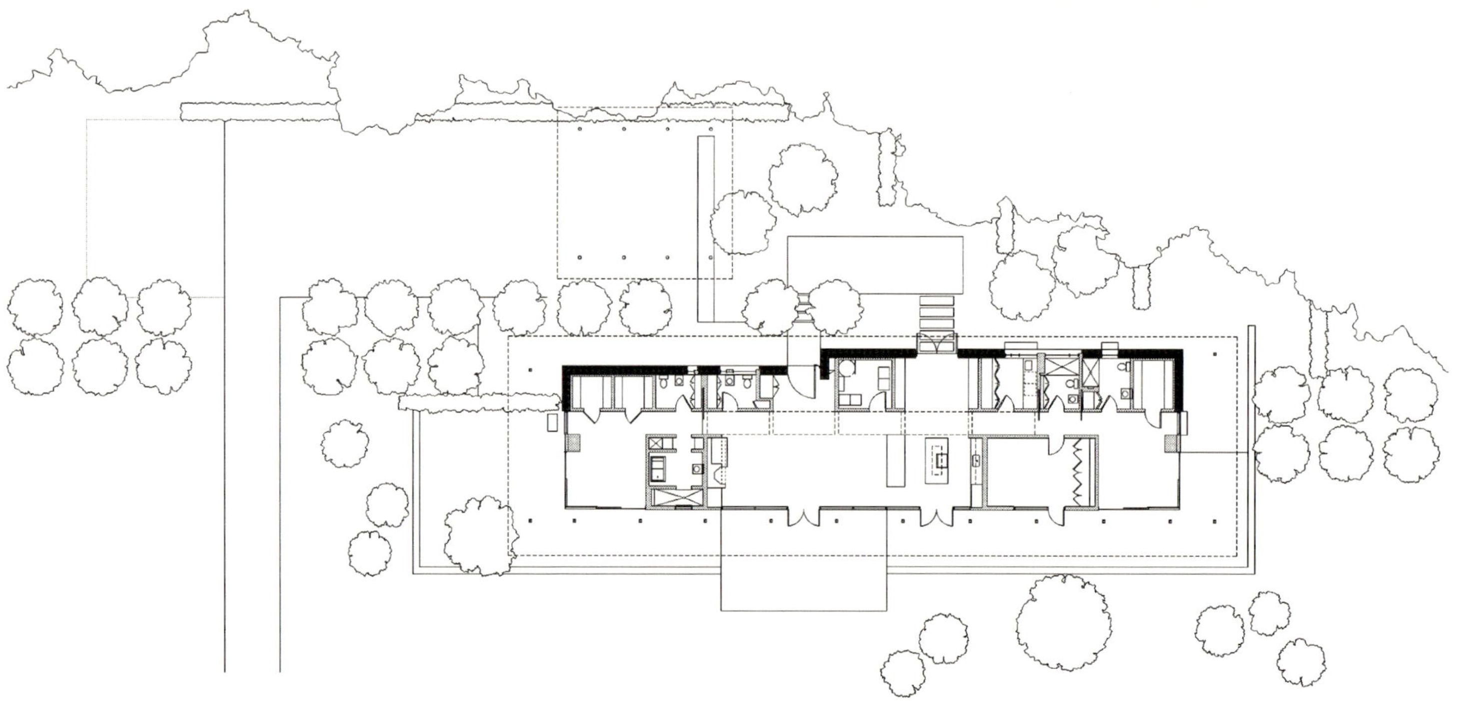

Ground floor   Planta baja

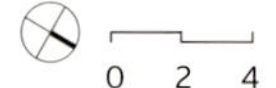

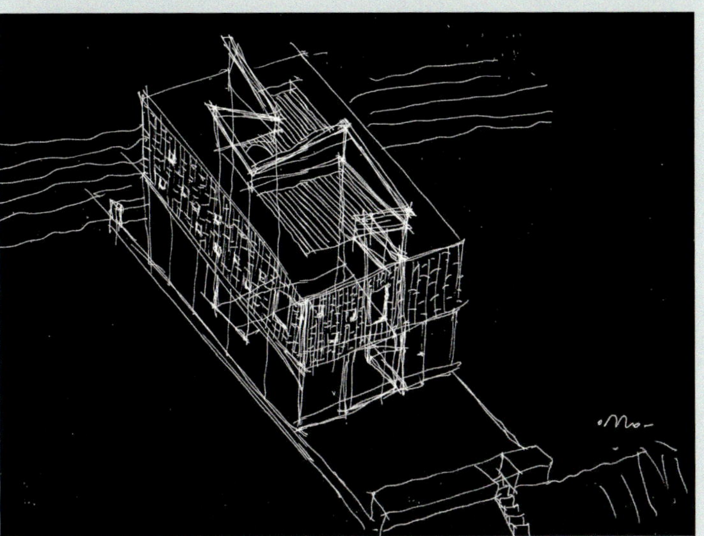

Travella House
Casa Travella

Aldo Celoria

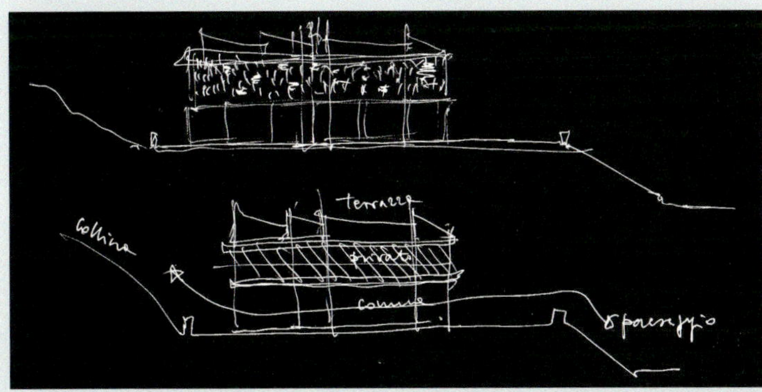

Travella House

The Travella House is situated on rolling land where terraces planted with vines compete for space with several low houses.

The building consists of a rectangular glass block crowned by another one of almost identical dimensions, clad with a skin of rusty copper scales that flicker in the sunlight. The structure is set on a concrete basement containing the garage, reached by a translucent polycarbonate sliding door. A concrete staircase rises from street level to the ground floor, where a garden area surrounds the terrace, made of concrete that has been stained black.

The equilibrium of the Travella House depends on an interplay of contrasts, between light and heavy, open and closed, bright and dark. So, the lower volume, endowed with lightness by the large panes of glass, contains the daytime areas, while the bedrooms on the upper story are protected from outsiders' gazes behind the opaque façade, in which a constellation of strategically situated windows allows sunlight inside and frames specific details of the surrounding landscape.

The interior structure and layout are defined by the continuity of the concrete wall that crosses the house lengthwise and provides a focus for its main functions: the staircases, kitchen, shelves and fireplace. The space is sometimes narrow and sometimes wide, as a result of the varying thickness of the wall, which sets up different relationships with the surroundings and an irregular interplay of volumes.

Casa Travella

La casa Travella está situada en un terreno ondulado en el que los bancales de viñas se disputan el espacio con un número considerable de residencias de escasa altura.

La vivienda consiste en un bloque rectangular de cristal coronado por otro de dimensiones casi idénticas, revestido este último con una piel de escamas de cobre oxidado que reverberan bajo la luz del sol. La estructura se asienta sobre un sótano de hormigón que alberga el garaje y al que se accede por una puerta corredera translúcida de policarbonato. Una escalera de hormigón asciende desde el nivel de la calle hasta la planta baja, en la que una zona ajardinada rodea la terraza, de hormigón teñido de negro.

El equilibrio de la casa Travella se sustenta sobre un juego de oposiciones: ligero frente a pesado, abierto frente a cerrado y luminoso frente a oscuro. Así, el volumen inferior, liviano gracias a los grandes paneles de cristal, acoge las estancias de día, mientras que las habitaciones de la planta superior quedan protegidas de la mirada pública tras la opaca fachada, en la que una constelación de ventanas estratégicamente emplazadas permite la entrada de luz natural y enmarca aspectos concretos del paisaje circundante.

La estructura y la distribución interiores vienen definidas por la continuidad de la pared de hormigón que atraviesa la vivienda longitudinalmente y concentra las principales funciones de la casa: las escaleras, la cocina, las estanterías y la chimenea. El espacio oscila entre la angostura y la amplitud gracias al grosor variable del muro, que crea en todo momento relaciones diferentes con el entorno y un inconstante juego volumétrico.

Architect: Aldo Celoria

Collaborators: Federica Giovannini, Moreno Lunghi

Photography: Milo Keller

Location: Castel San Pietro, Ticino, Switzerland

Surface area: 3,778 sq. ft.

Arquitecto: Aldo Celoria

Colaboradores: Federica Giovannini, Moreno Lunghi

Fotografía: Milo Keller

Localización: Castel San Pietro, Ticino, Suiza

Superficie: 351 m²

The plan of the roof area shares with the two lower stories the wall that runs along them lengthways to divide the space and organize the circulation zones.

La planta de cubierta comparte con las dos plantas inferiores el muro que las recorre longitudinalmente para dividir el espacio y organizar las zonas de paso.

Longitudinal section   Sección longitudinal

0   1   2

Cross section   Sección transversal

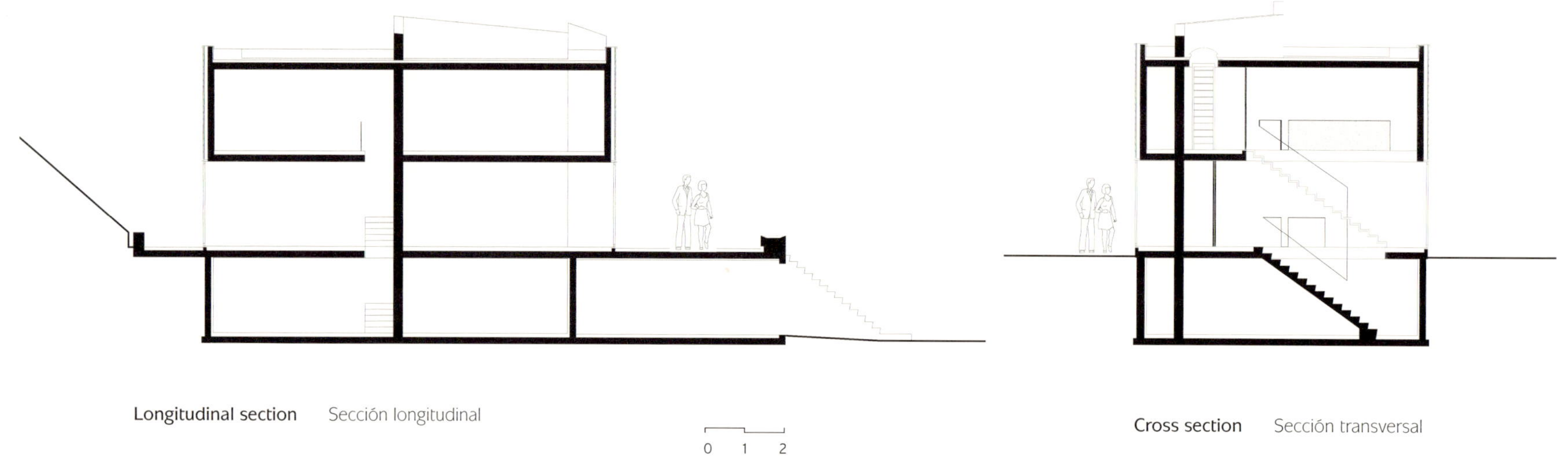

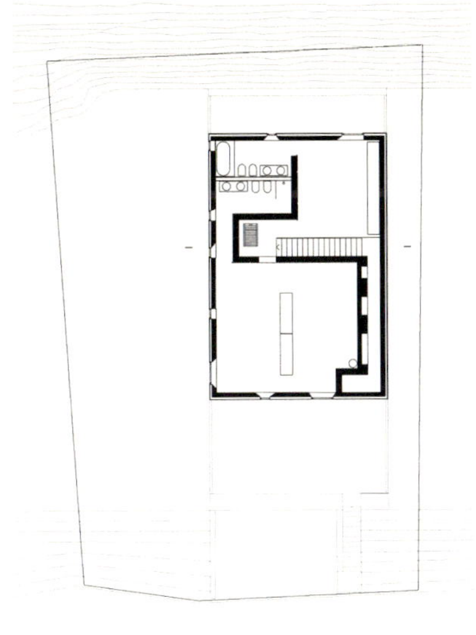

First floor   Planta primera

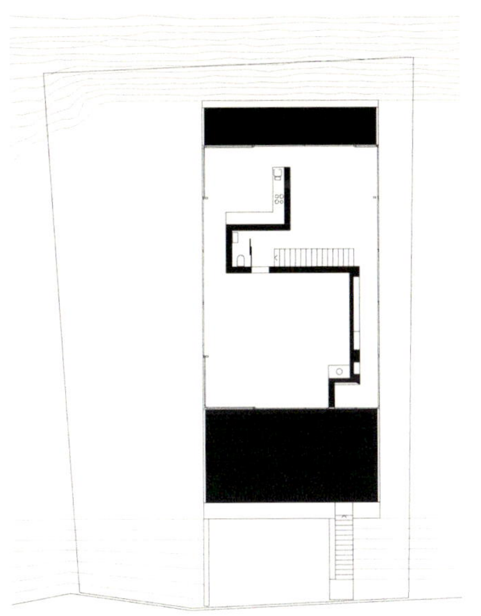

Ground floor   Planta baja

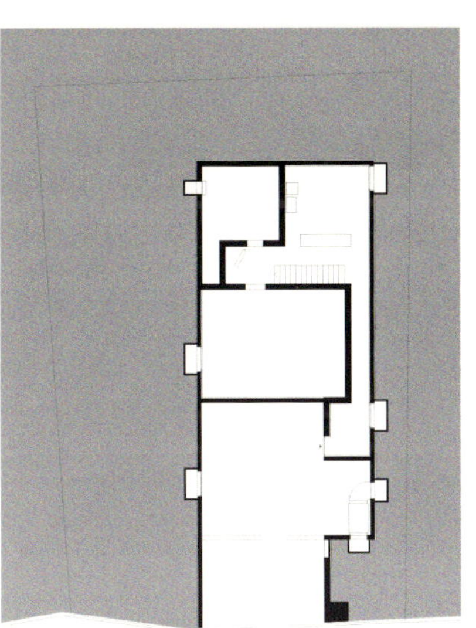

Basement   Sótano

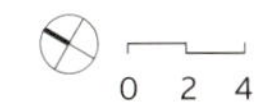

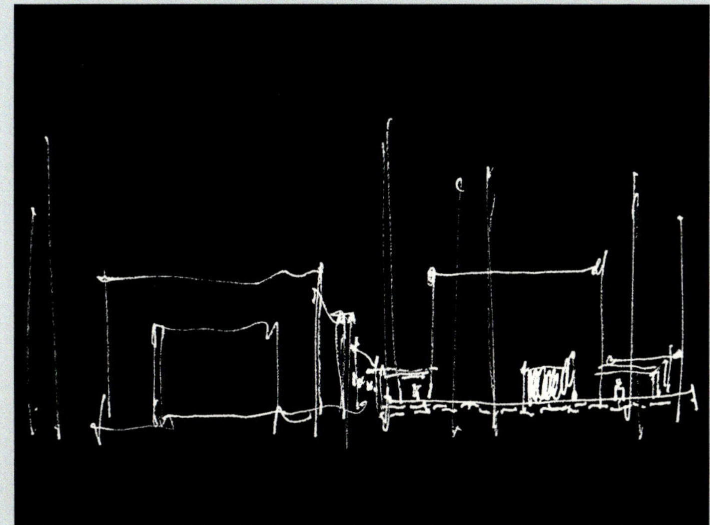

Matthew Cabin
Cabaña Matthew

Salmela Architect

Matthew Cabin

One of the fundamental elements of Matthew Cabin is its placement. The complex was built on the foundations of an old cabin that was destroyed in a fire. The earlier building, like most in this area, had been positioned parallel to the lake and had separated the land close to the water from the road. Salmela, known for his quest for innovation, decided to set the new house perpendicular to the bank. This change made it possible to open the house to the east and west by means of large windows, thus tripling the views of the lake and encouraging open-air living during the summer vacations.

The Matthew Cabin complex consists of a garage, a building with a sauna and lumber room and, finally, the main house, with two stories and three bedrooms. In all three constructions, the front and rear walls jut out from the top of the roof as if they were vertical planes emerging from the land, and this idea is reinforced by the fences and trellises that run round the borders of the home.

On the ground floor of the main volume, the front door is precisely aligned with the back door. The entrance hall leads to the office on one side and to the service area on the other. The living-dining room occupies the area closest to the water and is linked to the exterior by means of large windows. The upper floor, which contains the bedrooms and bathrooms, culminates in a glass cube that sticks out of the mass of the house in the direction of the lake and serves as a covered porch.

Salmela's meticulous attention to detail is apparent in features like the continuity of the interior and exterior flooring, the abundance of wood and the perfect rapport between the landscape and the house, which looks as if it is floating in the middle of the wood.

Cabaña Matthew

Uno de los elementos fundamentales de esta construcción es su emplazamiento. El complejo fue construido sobre los cimientos de una antigua cabaña que desapareció en un incendio. La edificación anterior, como la mayoría de las de la zona, se erigía paralela al lago y dividía el terreno entre la zona próxima al agua y la de la carretera. Conocido por su búsqueda de soluciones novedosas, Salmela decidió orientar la nueva casa perpendicularmente a la orilla. Este cambio permitió abrir la vivienda a este y oeste mediante grandes ventanales, que triplican las vistas del agua y fomentan la vida al aire libre en las vacaciones estivales.

El conjunto de la cabaña Matthew comprende un garaje, una edificación que alberga la sauna y un trastero y, por último, la casa principal, de dos pisos con tres dormitorios. En las tres construcciones, las paredes anterior y posterior sobresalen por encima del tejado como si se tratase de planos verticales diseminados por el terreno, concepto reforzado por las vallas y celosías que se extienden por los límites de la vivienda.

En la planta baja del volumen principal, la puerta delantera está perfectamente encarada con la trasera. El recibidor conduce por un lado al despacho y por otro a la zona de servicio. El salón comedor ocupa el área más cercana al agua y está comunicada con el exterior mediante amplios ventanales. El piso superior, en el que se encuentran las habitaciones y los baños, culmina en un cubo acristalado que sobresale del volumen de la casa hacia el lago y que se utiliza como porche cubierto.

La meticulosa atención al detalle del arquitecto Salmela se hace evidente en aspectos como la continuidad de los pavimentos interior y exterior, el abundante uso de la madera o la perfecta compenetración entre paisaje y vivienda, que parece flotar en medio de la vegetación del bosque.

Architect: Salmela Architect

Collaborators: Coen+Partners, Majka Construction

Photography: Peter Bastianelli Kerze

Location: Gull Lake, Brainerd, Minnesota, United States

Surface area: 2,280 sq. ft.

Arquitecto: Salmela Architect

Colaboradores: Coen+Partners, Majka Construction

Fotografía: Peter Bastianelli Kerze

Localización: Gull Lake, Brainerd, Minnesota, Estados Unidos

Superficie: 212 m²

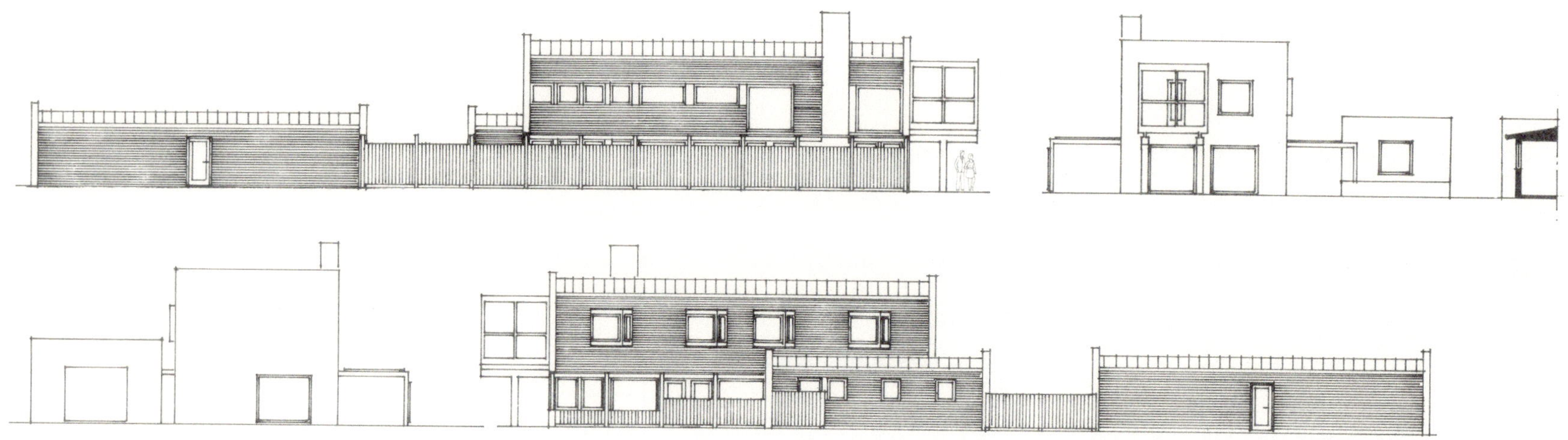

Elevations   Alzados

One of the characteristic elements of Salmela's buildings is the rectangular floor plan with a width limited to that of a single room, which can thus receive light from at least the two opposite sides of the parallelogram.

Uno de los elementos característicos de las construcciones de Salmela son las plantas rectangulares cuya anchura está limitada a la de una sola estancia, de manera que ésta recibe luz al menos de dos lados opuestos del paralelogramo.

Hollenstein House
Casa Hollenstein

Wolfgang Ritsch

Hollenstein House

Casa Hollenstein

The Hollenstein House is tucked into a steep hill slope and built on a structural base that is supported by pillars to compensate for the gradient. This exceptional location allowed the house's daytime area to overlook the Rhine Valley and enjoy spectacular 360°-views dominated by Lake Constance.

Inside, the narrow staircase marks the boundary between the communal and private areas in the two-story house. The upper floor—with a western façade devoid of openings, in contrast to the large panes of glass on the rest of the perimeter—contains the sitting room, kitchen and dining room on one side of the staircase and the main bedroom and bathroom on the other. On the southern façade, these rooms open on to a paved garden set on the hill slope and protected by the eaves of the roof, which tilt down over the main volume of the house. Outdoor staircases run from the garden down to the porch on the lower level. On the ground floor, which includes the main entrance to the house, a staircase separates the hall and service area from the children's bedrooms and bathroom. At the end of the long corridor that divides the home length-wise, a door leads on to a spacious, paved porch, covered by the overhang of the upper floor and protected from the north wind by a glass wall.

This large glass parallelepiped framed by a black metallic structure blends inseparably with the panorama around it, and in its turn this penetrates the house to brighten up its austere interior.

La casa Hollenstein está enclavada en la fuerte pendiente de una colina y construida sobre una estructura base que se apoya sobre pilares para salvar la inclinación del terreno. Gracias a esta situación privilegiada, la zona de día se eleva sobre el valle del Rin y goza de espectaculares vistas de 360 grados en las que destaca el lago Constanza.

En las dos plantas de la vivienda, la angosta escalera interior marca la frontera entre zonas comunes y privadas. El piso superior, con una fachada oeste sin aberturas que contrasta con los ventanales del resto del perímetro, alberga la sala, la cocina y el comedor a un lado de la escalera y el dormitorio principal y el baño al otro. Estas estancias se abren en la fachada sur a un jardín enlosado asentado sobre la pendiente de la ladera y protegido del sol por el alero de la cubierta, que se eleva en un plano inclinado sobre el volumen principal de la casa. Desde el jardín, unas escaleras exteriores descienden hasta el porche del nivel inferior. En la planta baja, que incluye el acceso principal a la vivienda, la escalera separa el recibidor y la zona de servicio de las habitaciones y el baño de los niños. Al final del largo pasillo que divide la vivienda longitudinalmente, una puerta da paso a un amplio porche enlosado cubierto por el voladizo del piso superior y protegido del viento del norte por una pared de cristal.

Este gran paralelepípedo de cristal enmarcado por una estructura metálica negra forma un todo inseparable con la panorámica que lo rodea, que se adentra en el interior de la vivienda para iluminar el sobrio interior.

Architect: Wolfgang Ritsch

Photography: Bruno Klomfar

Location: Walzenhausen, Switzerland

Surface area: 1,937 sq. ft.

Arquitecto: Wolfgang Ritsch

Fotografía: Bruno Klomfar

Localización: Walzenhausen, Suiza

Superficie: 180 m²

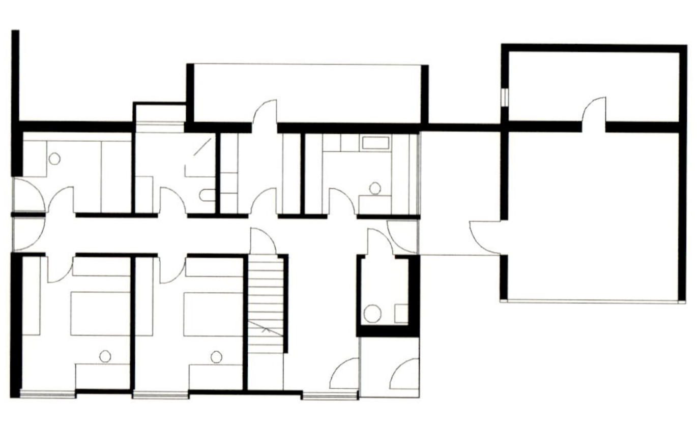

Ground floor   Planta baja

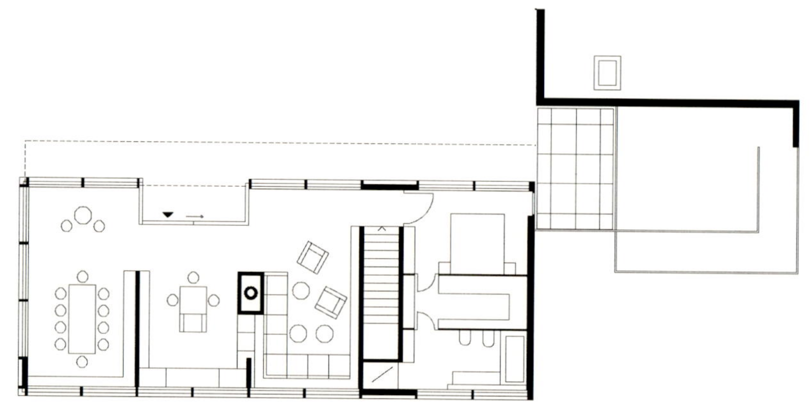

First floor   Planta primera

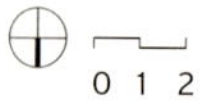

0 1 2

The horizontality and transparency of the Hollenstein Residence breaks with the Alpine architectural tradition of sloping roofs, wooden cladding and a limited number of openings.

La horizontalidad y transparencia de la residencia Hollenstein rompen con la tradición arquitectónica alpina de cubiertas inclinadas, revestimiento de madera y escasez de aberturas.

Tucson House
Casa en Tucson

Rick Joy Architects

Tucson House

This isolated house in a small valley near Tucson respectfully cohabits with the rich plant life of the Sonora desert and endeavors not to disrupt the natural equilibrium of this fragile environment.

The house rises from the arid desert soil on solid walls topped by a V-shape, rusty steel roof. On the north and south façades, the 2-ft-thick walls reach a height of some 16 ft, while in the central depression they drop from 11 ft in the west entrance to 8 ft in the fireplace area on the other side. A single gutter channels water and takes it away from the building. The garage is hidden between the vegetation and a simple path, bordered by cactus and aligned with the spine of the house, leads to the main entrance.

The axis of the roof divides the house lengthwise into two areas: one facing south, containing the living-dining room, the kitchen and one bedroom, and the other facing north, comprising the main entrance, a guest bedroom and a large porch which, like the living room, opens up to the northeast. The enormous fireplace shared by the latter two spaces acts as a nexus between the two parts of the house. The openings dotted along the sturdy walls frame the owner's favorite views and make it possible to follow the course of the sun, which, as the day goes on, encroaches on the polished concrete floor and the rich texture of the compacted earth walls, marked by the horizontal fluting of the plank mold.

The distinctive slope of the roof subtly but effectively establishes various settings inside the home. It is lower in the areas closest to the fireplace, creating a warm, intimate atmosphere, while the high windows facing north and south invite the landscape to penetrate inside the house.

Casa en Tucson

En un pequeño valle cercano a Tucson esta apartada vivienda convive respetuosamente con la rica flora del desierto de Sonora procurando no romper el equilibrio natural de ese frágil entorno.

La vivienda se alza desde la aridez del suelo desértico sobre sólidos muros rematados por una cubierta de acero oxidado en forma de V. En las fachadas norte y sur, los muros, de 60 cm de grosor, se elevan hasta una altura de casi 5 m, mientras que en la depresión central descienden desde los 3,35 m en la entrada oeste de la casa hasta los 2,40 m en la zona de la chimenea, en el lado opuesto. Un único imbornal canaliza el agua y la aleja del edificio. El garaje queda oculto entre la vegetación y un sencillo camino mojonado por cactus y alineado con la espina dorsal de la vivienda conduce hasta la entrada principal.

El eje de la cubierta divide la casa longitudinalmente en dos zonas: una orientada al sur que acoge el salón comedor, la cocina y un dormitorio, y otra encarada al norte que comprende la entrada principal, una habitación de invitados y un amplio porche que, como el salón, se abre al nordeste. La enorme chimenea compartida por estos dos últimos espacios ejerce de nexo entre las dos zonas de la vivienda. Las aberturas diseminadas por la robustez de los muros enmarcan las panorámicas preferidas del propietario y permiten seguir la trayectoria del sol, que a lo largo del día va ganando terreno sobre el pavimento de cemento pulido y la rica textura de las paredes de tierra compactada, marcadas por las estrías horizontales del encofrado.

La singular inclinación de la cubierta permite crear diversos ambientes en la vivienda de un modo muy sutil y eficaz. La altura se reduce en las zonas cercanas a la chimenea, lo que genera una atmósfera cálida e íntima, mientras que los altos ventanales orientados a norte y a sur invitan al paisaje a adentrarse en la casa.

Architect: Rick Joy Architects

Photography: Undine Pröhl

Location: Tucson, Arizona, United States

Surface area: 2,600 sq. ft.

Arquitecto: Rick Joy Architects

Fotografía: Undine Pröhl

Localización: Tucson, Arizona, Estados Unidos

Superficie: 241 m²

The concrete flooring present throughout the house invades the walls to serve as a large baseboard; it also acquires greater volume in some areas to become access steps or a continuous bench under the windows in the sitting room.

El solado de hormigón común a toda la vivienda invade las paredes para ejercer de generoso zócalo y toma volumen en ciertos rincones para transformarse en los escalones de acceso o en un banco corrido bajo los ventanales de la sala.

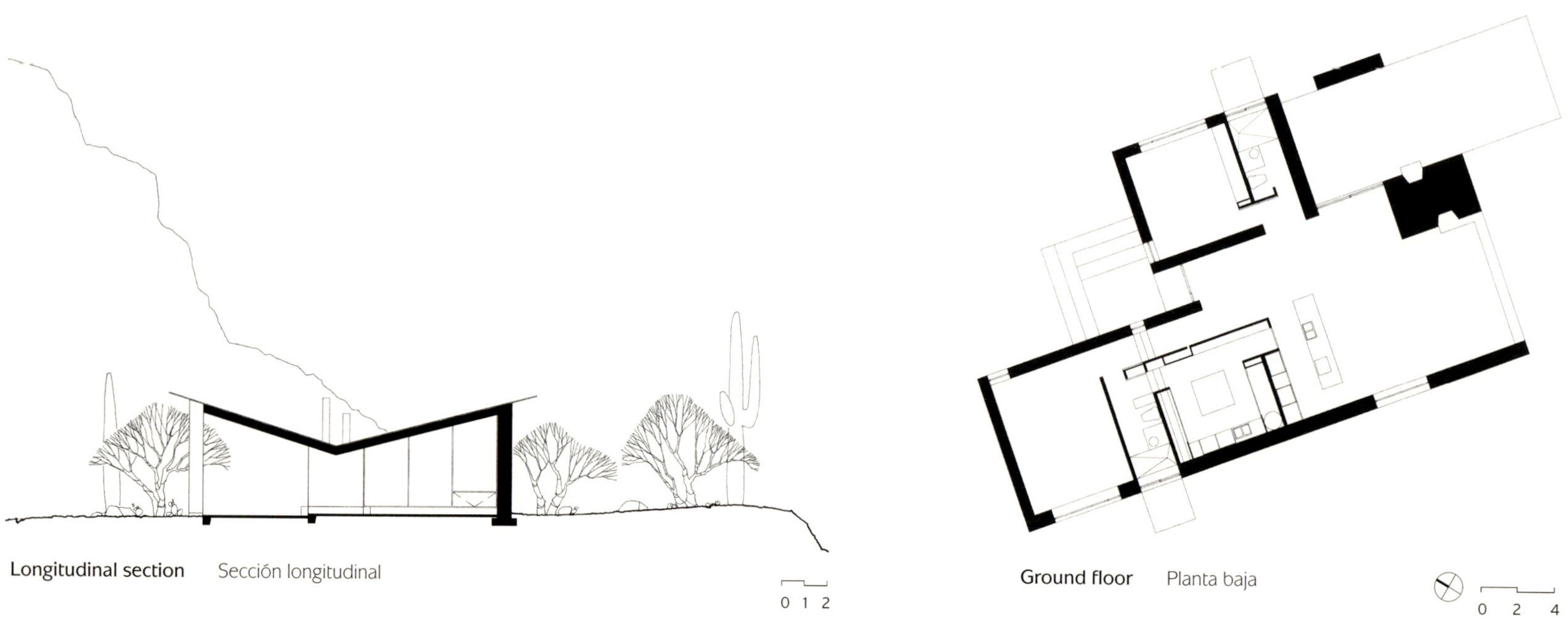

Longitudinal section   Sección longitudinal

0 1 2

Ground floor   Planta baja

0 2 4

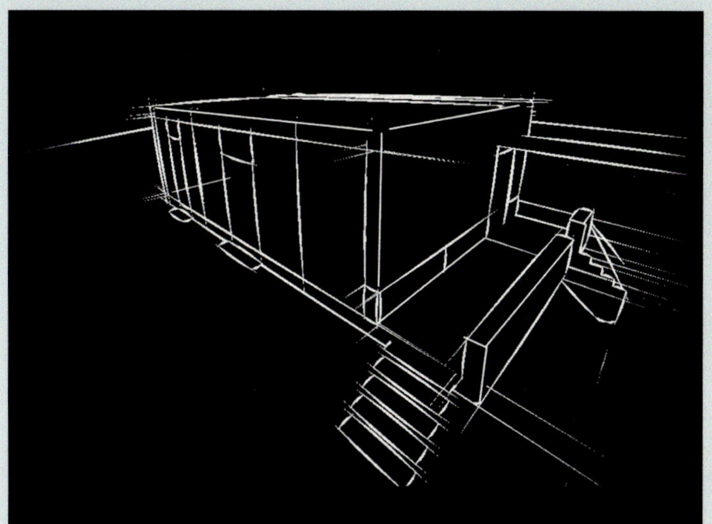

Lina House
Casa Lina

Lina House

This house on a woody slope of Pöstlingberg hill was built with a view to a future enlargement or dismantling, in accordance with changes in its inhabitants' requirements. The building was conceived as an extension to another house nearby, although they are completely independent in terms of services and facilities.

The main determining factors for this project were the limited time, space and money available. This is clearly apparent in some of the practical measures used, such as adaptation of the floor space to the standard dimensions of the chipboard sheets, the efficient insulation system and the use of partially prefabricated elements that only needed a few days to be joined to the house's steel structure.

This parallelepiped, clad with eye-catching yellow PVC reinforced with glass fiber, is totally transparent on its southeast façade, as it is comprised of large windows in an aluminum frame, while light penetrates into the rest of the house through transoms: one running along the entire northeast perimeter and another lower one on the façade with the entrance. On the latter façade, the platform on which the house is set extends beyond the body of the building to create a small exterior space that invites visitors to enter the house through the continuity of the planked wooden floor on either side of the wall.

Two thirds of the 750 sq. ft of floor space is occupied by a large sitting-dining room, which also takes in the kitchen and bathroom, skillfully marked off by a change in flooring and by glass doors. The remaining third is occupied by two bedrooms, one with an exit to the exterior through one of the three doors inserted into the large glass wall of the southeast façade.

In an interesting reversal of the region's architectural tradition, the transparency of the rectilinear Lina house camouflages the construction by day but makes it glow like an enormous lantern at night.

Architect: Caramel Architekten

Photography: Caramel Architekten

Location: Linz, Austria

Surface area: 742 sq. ft.

Casa Lina

Situada en una ladera boscosa de la colina de Pöstlingberg, en Austria, esta vivienda fue construida con vistas a una futura ampliación o desmantelamiento en función de la evolución de las necesidades de sus habitantes. La casa se concibió como la ampliación de otra vivienda cercana, aunque mantiene una total autonomía en materia de servicios y comodidades.

Los principales factores condicionantes del proyecto fueron las limitaciones de espacio, dinero y tiempo. Clara muestra de ello son algunos recursos prácticos empleados tales como la adecuación de la planta a las dimensiones estándares de las placas de madera aglomerada, el eficaz sistema de aislamiento térmico o el uso de elementos parcialmente prefabricados, que fueron acoplados en pocos días a la estructura de acero de la vivienda.

Este paralelepípedo, recubierto de vistoso PVC amarillo reforzado con fibra de vidrio, muestra una transparencia absoluta en su fachada sudoeste gracias a los grandes ventanales con marco de aluminio que la conforman, mientras que en el resto de la casa la luz penetra a través de varios montantes: uno superior que recorre todo el perímetro nordeste y otro inferior en la fachada de acceso. En esta misma fachada la plataforma sobre la que se asienta la vivienda se extiende más allá del volumen y crea un pequeño espacio exterior que invita a los visitantes a adentrarse en la casa gracias a la continuidad del suelo de lamas de madera a uno y otro lado de la pared.

Dos tercios de los apenas 70 m² de la vivienda están ocupados por el amplio salón comedor, que contiene también la cocina y el baño, hábilmente delimitado por el cambio de pavimento y por puertas de cristal. El tercio de superficie restante lo ocupan dos dormitorios, uno con salida al exterior mediante una de las tres puertas insertadas en la gran cristalera de la fachada sudoeste.

Interesante contrapunto en la tradición arquitectónica de la zona, la transparencia del conjunto rectilíneo de la casa Lina camufla la construcción de día mientras que la hace resplandecer como una gran linterna durante la noche.

Arquitecto: Caramel Architekten

Fotografía: Caramel Architekten

Localización: Linz, Austria

Superficie: 69 m²

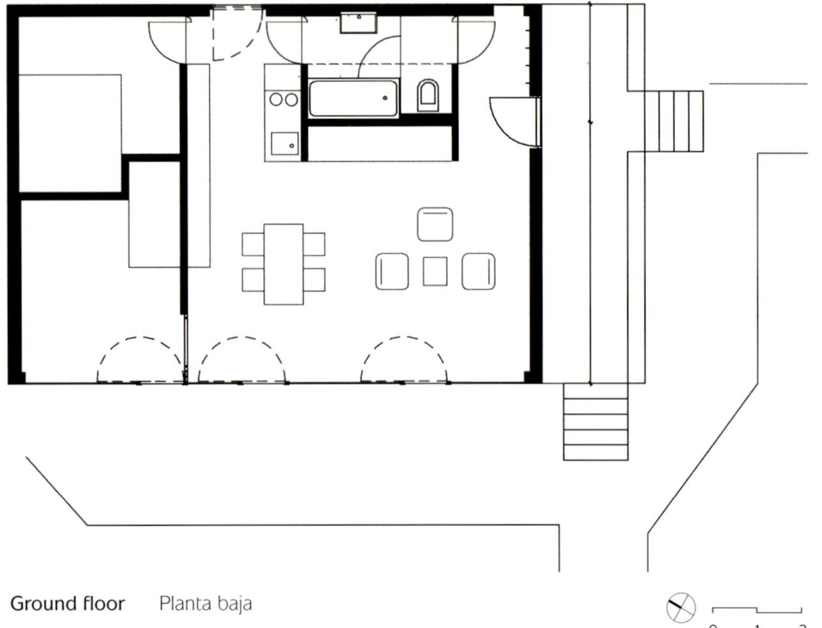

The continuity of the yellow PVC cladding the entire volume reinforces the compact appearance of the house, which looks as if it has been parked temporarily in the garden, like a caravan.

La continuidad del revestimiento de PVC amarillo en todo el volumen refuerza el aspecto compacto de la vivienda, que parece estar aparcada en el jardín de modo temporal, como si de una caravana se tratase.

Ground floor   Planta baja

0   1   2

Galehr House
Casa Galehr

Hans Hohenfellner

Galehr House

The Galehr House boasts an unusual placement, as it stands at the confluence of five watercourses, affording it enviable views of the mountainous landscape.

The sculptural solidity of the Galehr House reflects the architect's reaction to the craggy mountains around it, although the primary explanation for its morphology is to be found in the client's commission, which specified a building made of concrete. The dialogue between architect and the client was very fluid throughout the preparation and construction periods, so the final design remained faithful to the owner's original concept.

The Galehr property is set on the edge of a plot in a residential area in Nüziders. It comprises a main house and a bathroom house, and it is marked off by a retaining wall that encloses most of the perimeter of the land. The two buildings, whose marked horizontality contrasts with the verticality of their surroundings, are arranged in an L-shape, which creates a sheltered area that includes the swimming pool.

The elongated house is reached from the lowest part of the lot. The ground floor, set back from the lower ground floor containing the garage, has three south-facing bedrooms as well as the large living area, with a staircase separating the lounge from the dining room-kitchen. This space opens on to the garden and swimming pool by means of a large sliding glass door with an aluminum frame. The upper floor holds the main bedroom, along with a dressing room and bathroom, although it is mainly taken up by an open terrace with magnificent views of mountain ranges in both Austria and Switzerland.

The solidity of the northern and western façades endows this concrete block with a rocky look in keeping with the Alpine landscape, while the openings on the southern perimeter, together with the garden and the transparent bathroom house, endow this sober building with a more inviting touch.

Casa Galehr

La casa Galehr goza de un singular emplazamiento, pues se erige en la confluencia de cinco vaguadas, situación que le confiere unas envidiables vistas del paisaje montañoso.

La solidez escultural de la casa Galehr responde a la reacción del arquitecto ante las escarpadas montañas que la rodean, pero la razón primera de su morfología debe buscarse en el encargo del cliente, que deseaba una vivienda de hormigón. El diálogo entre arquitecto y cliente fue muy fluido a lo largo del planteamiento y realización de la obra, de manera que el diseño final sigue fielmente la idea inicial del propietario.

El conjunto Galehr se encuentra en el límite de un gran terreno situado en una zona residencial de Nüziders. Consiste en una vivienda principal con jardín y una casa de baño, y está delimitado por un muro de contención que rodea buena parte del perímetro de la finca. Los dos edificios, de marcada horizontalidad en contraste con la verticalidad del entorno, están dispuestos en forma de L, lo que da lugar a una superficie protegida en la que se halla la piscina.

A la vivienda, de planta alargada, se accede desde el punto más bajo del terreno. La planta inferior, retranqueada del semisótano que alberga el garaje, dispone de tres habitaciones orientadas al sur y de una sala, un gran ambiente donde la escalera separa la zona de estar de la cocina comedor. Este espacio se abre al jardín y a la piscina mediante una amplia puerta corredera de cristal con marco de aluminio. La planta superior alberga el dormitorio principal, además de un vestidor y un baño, si bien está ocupada en su mayor parte por una terraza descubierta desde la que se puede contemplar una espléndida vista de las sierras austriacas y suizas.

La solidez de las fachadas norte y oeste otorga a este bloque de hormigón un aspecto pétreo en sintonía con el paisaje alpino, mientras que las aberturas del perímetro sur, combinadas con el jardín y la diáfana casa de baño, ofrecen una cara más amable de esta sobria vivienda.

Architect: Hans Hohenfellner

Collaborator: Elisabeth Gruber

Photography: Bruno Klomfar

Location: Nüziders, Voralberg, Austria

Surface area: 2,335 sq. ft.

Arquitecto: Hans Hohenfellner

Colaboradora: Elisabeth Gruber

Fotografía: Bruno Klomfar

Localización: Nüziders, Voralberg, Austria

Superficie: 217 m²

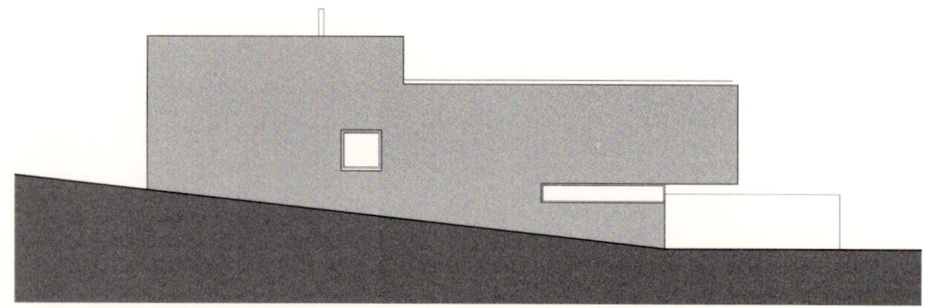

North elevation Alzado norte

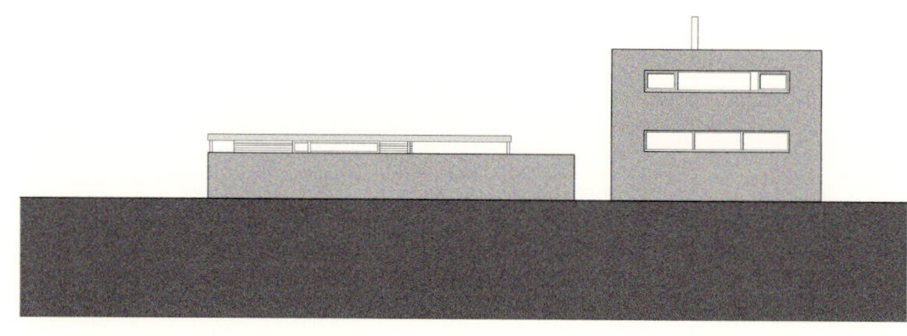

East elevation Alzado este

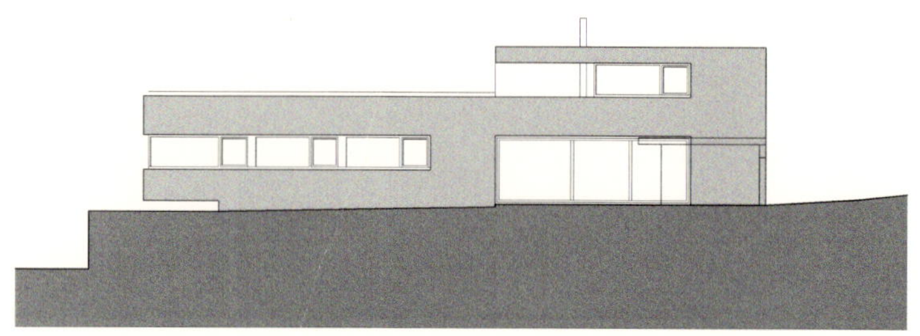

South elevation Alzado sur

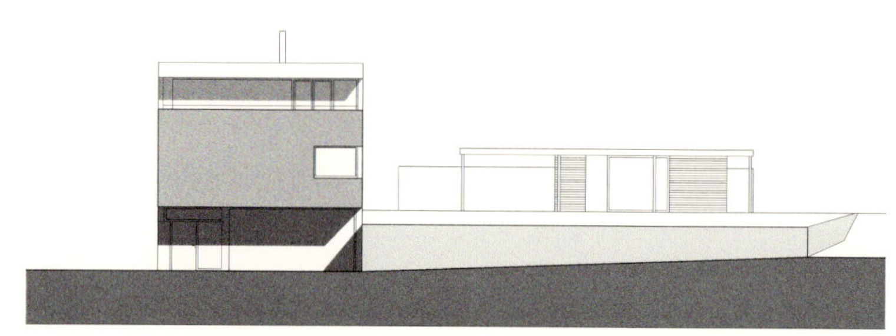

West elevation Alzado oeste

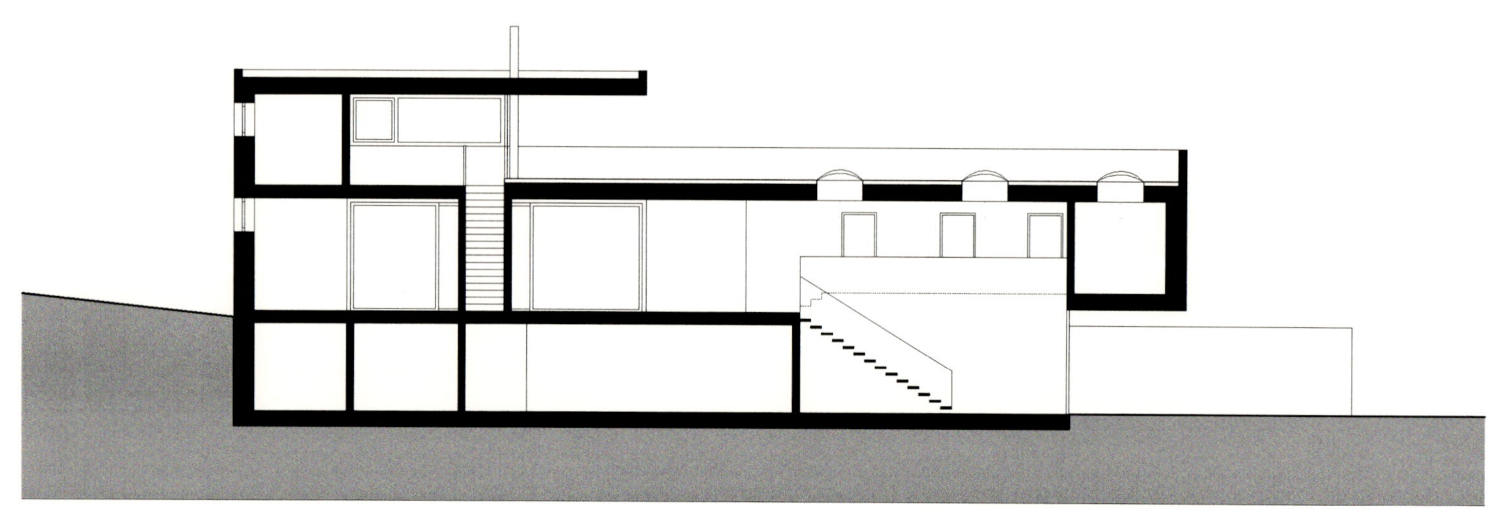

Longitudinal section Sección longitudinal

0 1 2

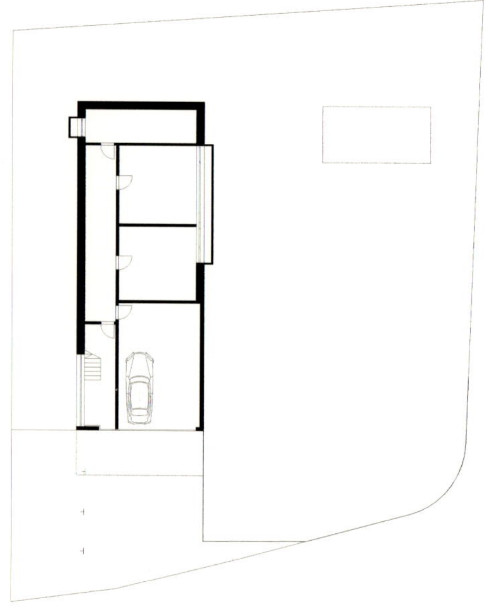

Basement   Sótano

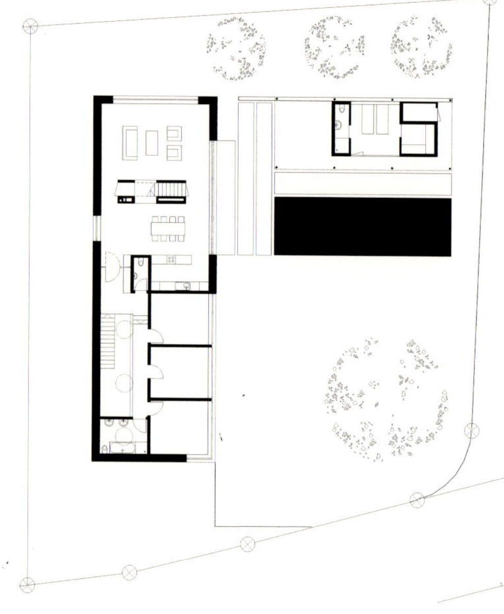

Ground floor   Planta baja

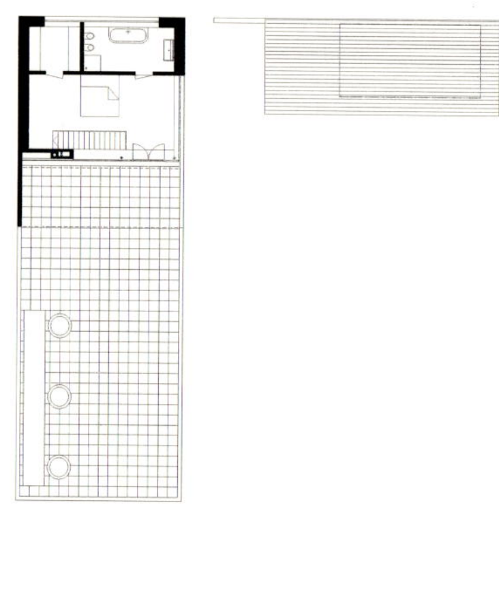

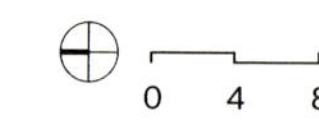

First floor   Planta primera

0   4   8

The opacity of the north façade evokes the grayish rotundity of the mountains around the Galehr House, while the openings on the opposite façades, linked to the garden and swimming pool, reflect the soothing landscape of the Alpine valleys.

La opacidad de la fachada norte evoca la rotundidad grisácea de las montañas que rodean la casa Galehr, mientras que las aberturas de la fachada opuesta, unidas al jardín y a la piscina, representan el suave paisaje de los valles alpinos.

Atu House
Casa Atu

Takao Shiotsuka Atelier

Atu House

The Atu House is situated in a lush wood that played a leading role in the development of Shiotsuka's project right from the start. At the request of the client, the architect decided to consider the house's surroundings as just another construction material.

Large windows make up much of the perimeter of the ground floor, and as a result the time of day and weather conditions alter the appearance of the interior, where white is the dominant color. The frosted glass panes, almost 7 ft high, blur the foliage and turn it into a bright green mosaic when seen from inside the house. Steel takes over from glass on the remaining façades and seems to emit light in its own right whenever it reflects the colors around it.

The ground floor consists of a large, open minimalist space that integrates the sitting room and kitchen and allows access to the terrace. The high ceiling extends uninterrupted throughout this floor, dotted with some original lamps, apparently positioned at random to imitate the effects of the changing light outdoors. A partition separates the communal area from the service zone and hides the stylized staircase, which leads to a mezzanine and finally to the upper story, where the floor space is barely a quarter of that of the lower level.

The architect's evident desire to ensure that the natural world penetrates into the home has its raison d'être in Atu, the client's daughter, who gave her name to the house. She is affected by a physical difficulty that restricts her mobility, and the client insisted that the house's woody surroundings should pass through the walls as a metaphor for the embrace of a large family.

Casa Atu

La casa Atu está situada en un frondoso bosque que desde el principio tuvo un marcado protagonismo en el desarrollo del proyecto de Shiotsuka. A instancias del cliente, el arquitecto se planteó la necesidad de considerar el entorno de la vivienda como un material de construcción más.

Grandes ventanales conforman buena parte del perímetro de la planta baja, con lo que el avance del día y las condiciones meteorológicas condicionan el aspecto del interior, donde el blanco es el color predominante. Los paneles de vidrio templado de cerca de dos metros de altura difuminan el follaje hasta convertirlo en un mosaico cuyo verde intenso penetra en las habitaciones. El acero toma el relevo del cristal en el resto de las fachadas y parece emitir luz propia al reflejar los colores del entorno.

La planta baja se compone de un gran espacio abierto minimalista que integra salón y cocina y permite el acceso a la terraza. El techo, de una altura considerable, se extiende sin interrupciones en toda la planta, salpicado por unos originales apliques de luz de diferentes tamaños diseminados aparentemente al azar a fin de imitar los juegos de la cambiante luz exterior. Un tabique separa la zona común de la de servicio y oculta la estilizada escalera, que conduce a un altillo y finalmente a la planta superior, cuya superficie apenas suma una cuarta parte de la de la planta baja.

La clara voluntad del arquitecto de conseguir que la naturaleza penetrase en la vivienda tiene su razón de ser en Atu, la hija del cliente, que dio nombre a la casa. Afectada por una disminución física que dificulta su movilidad, el cliente insistió en que el entorno boscoso de la vivienda traspasara los muros como metáfora del abrazo de una gran familia.

Architect: Takao Shiotsuka Atelier

Collaborator: Shigenori Oga

Photography: Kaori Ichikawa

Location: Onojo City, Fukuoka, Japan

Surface area: 979 sq. ft.

Arquitecto: Takao Shiotsuka Atelier

Colaborador: Shigenori Oga

Fotografía: Kaori Ichikawa

Localización: Onojo City, Fukuoka, Japón

Superficie: 91 m²

As they rise, the stairs cross an open, L-shape mezzanine clad with wood, with the bathroom and a closet set underneath.

Las escaleras atraviesan en su ascenso un altillo abierto con forma de L y revestido de madera bajo el que se encuentran el baño y un armario.

Ground floor   Planta baja

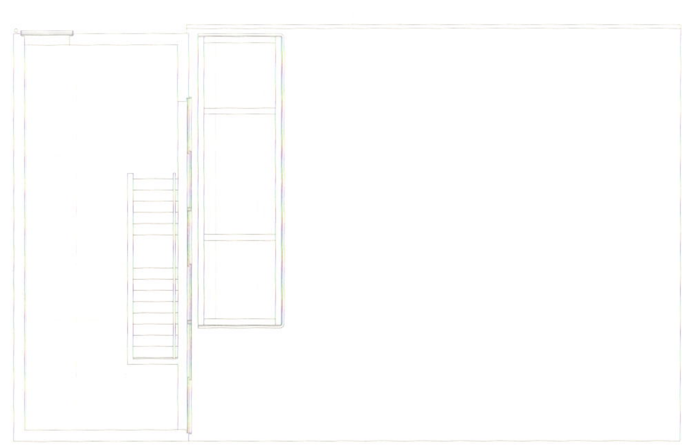

First floor   Planta primera

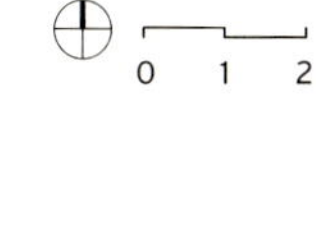

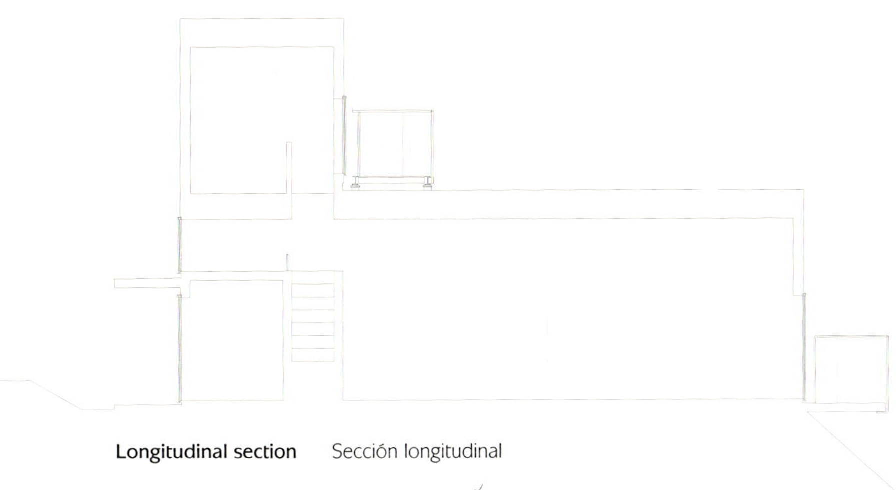

Longitudinal section   Sección longitudinal

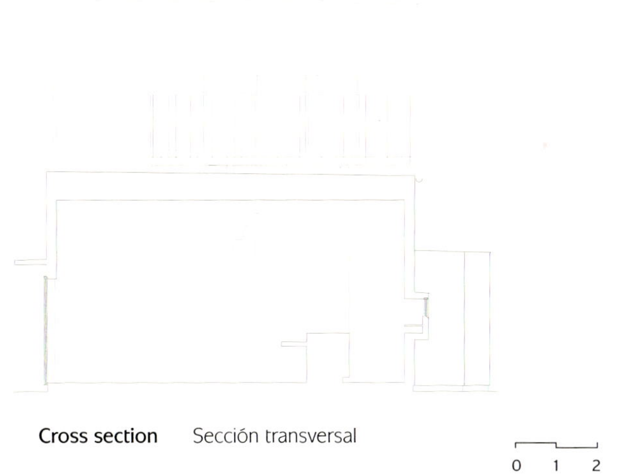

Cross section   Sección transversal

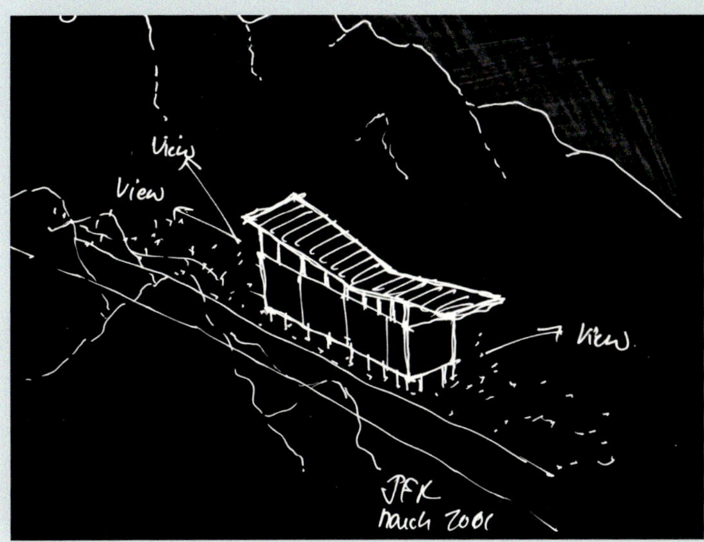

Jackson Retreat
Refugio Jackson

Fougeron Architecture

Jackson Retreat

The rugged gorges in northern California, characterized by their fragile ecological equilibrium, were the setting chosen by the client to build his weekend house. The distinctive features of this environment obliged Fougeron's project to pass the inspection of several technicians in order to fully satisfy the requirements of the local building regulations.

The four elements of the house rise almost imperceptibly from the land and are arranged in parallel to a wood and stream, protected by the high walls of a canyon. The different sections are interconnected to create complex spaces both inside and out by combining disparate forms and materials.

The main body is crowned by an inverted double-slope roof supported by a glass transom, largely detached from the perimeter although in the arisses large double-height windows frame the panoramic view. In this section, glass is combined with copper strips set in a vertical arrangement.

The second volume, which contains the kitchen and the bathroom, acts as a separation between the dirt track and the house. The cladding of Alaskan cedar wood was left untreated in order to allow erosion and the passing of time to give it a silvery gray finish. The third volume, which juts out from the main body on the rear façade, is a steel and glass structure that opens on to views of the stream. Finally, the solidity of the gray stucco of the fourth section, which conceals the staircase, contrasts with the transparency of the rest of the building.

On the ground floor, a bedroom at each end marks off the spacious, double-height sitting room; the upper level contains the library and another bedroom. The windows in the corners of the bedrooms are over 13 ft high.

The mixture of transparent and translucent glass on the façades creates an interior space that is perpetually transformed by the warm interplay of light and shade that unfurls over the course of the day.

Architect: Fougeron Architecture

Collaborators: Endres Ware Engineers

Photography: Richard Barnes

Location: Big Sur, California, United States

Surface area: 2,500 sq. ft.

Refugio Jackson

Los agrestes desfiladeros del norte de California, caracterizados por su frágil equilibrio ecológico, fueron el escenario elegido por el cliente para construir su casa de fin de semana. Dada la particularidad del entorno, el proyecto de Fougeron debió superar el examen de varios técnicos hasta adaptarse a los requisitos de la normativa local.

Los cuatro volúmenes de la vivienda se elevan de manera casi imperceptible sobre el terreno y están dispuestos paralelamente a un bosque y un arroyo al amparo de las elevadas paredes de un cañón. La interconexión de que disfruta el conjunto genera complejos espacios interiores y exteriores mediante la combinación de formas y materiales.

El cuerpo principal está coronado por una cubierta invertida a dos aguas que se sustenta sobre un montante de cristal separado en buena parte del perímetro, excepto en las aristas, donde amplios ventanales de doble altura enmarcan la panorámica. El cristal se combina en este volumen con láminas de cobre dispuestas verticalmente.

El segundo volumen ejerce de separación entre el camino de tierra y la casa y alberga la cocina y los baños. El revestimiento de cedro de Alaska se dejó sin tratar a fin de que la erosión y el paso del tiempo lo acabasen tiñendo de gris plateado. En la fachada posterior de la vivienda, el tercer volumen, formado por una estructura de acero y cristal, sobresale del cuerpo principal y se abre a las vistas del arroyo. Por último, la solidez del estuco gris del cuarto volumen, que oculta la escalera, contrasta con la transparencia del resto de la edificación.

En la planta baja, un dormitorio en cada extremo delimita la generosa sala de estar, de doble altura; el nivel superior acoge la biblioteca y otro dormitorio. Los ventanales, instalados en las esquinas de los dormitorios, tienen más de cuatro metros de altura.

La combinación de cristal transparente y translúcido en las fachadas filtra el sol de un modo muy particular, hecho que genera un espacio interior en perpetua transformación gracias a los cálidos juegos de luz y sombras que se producen a medida que avanza el día.

Arquitecto: Fougeron Architecture

Colaboradores: Endres Ware Engineers

Fotografía: Richard Barnes

Localización: Big Sur, California, Estados Unidos

Superficie: 232 m²

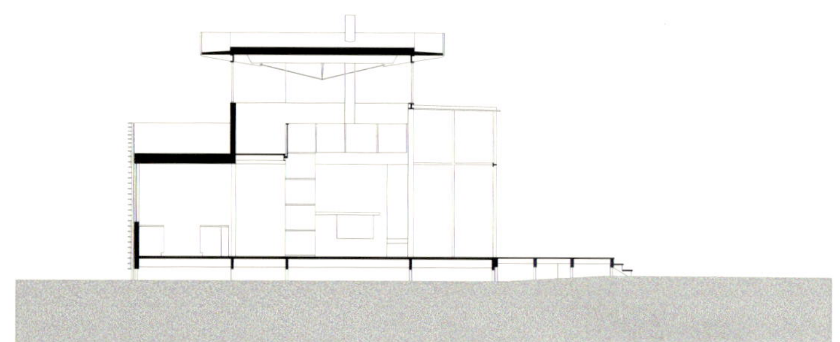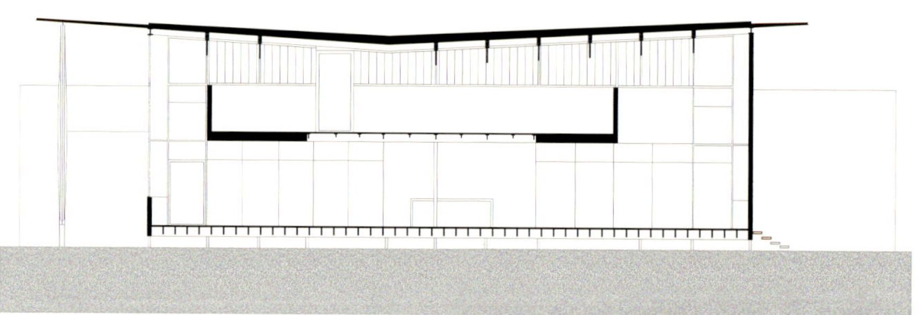

Cross section   Sección transversal

Longitudinal section   Sección longitudinal

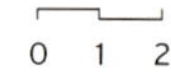

0   1   2

Ground floor   Planta baja

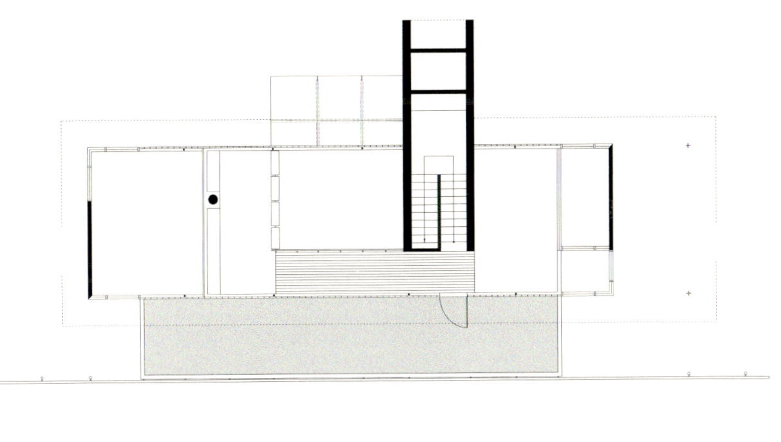

First floor   Planta primera

The sitting room comprises an open, double-height space that extends toward the glass cube of the east façade, plus a cozy nook organized around the fireplace that is hidden behind the copper-sheeted wall adjacent to the cube.

La sala se compone de un espacio abierto a dos alturas que se extiende hacia el cubo acristalado de la fachada este, más un acogedor rincón organizado en torno a la chimenea que se esconde tras la pared de lamas de cobre contigua al cubo.

L House
Casa L

Philip Lutz

L House

A family house built in a traditional style in the 1980s served as a starting point for the architect Philip Lutz to bring about a major transformation that opened up the house to the magnificent natural surroundings and unbeatable views of Lake Constance.

In the original layout, the basement contained the service area; the ground floor, the communal spaces; and the upper story, the bedrooms. In order to allow the occupants to take full advantage of the house's extraordinary setting, Lutz decided to invert the distribution of the main spaces. The ground floor—whose perimeter was left unchanged—not only took in the bedrooms and studio but also became the base for a huge covered terrace that extends from the edges of the upper story to the hill slope in the form of a large overhang with an irregular outline. On the opposite façade, the living-dining room, which is also integrated into the kitchen, communicates with the neighboring wood by means of a bridge.

The façades were completely covered by a continuous cladding of wooden scales that serve to protect the house from the cold and the heat. Wood is also the dominant element inside, as pine is used to cover the walls, ceilings and floors.

The L House is distinguished both inside and out by the asymmetry of its lines. The imposing volume of the upper story juts out from the base in a striking irregular polygonal shape, while the different planes visible on the roof are also repeated on the ceiling of the upper floor, thereby preventing the continuity of the wooden cladding from being too overwhelming. All in all, the house constitutes a great monument to the search for new architectural solutions in an age when originality is sometimes exalted to the detriment of intelligent design and the convenience of occupants.

Casa L

A partir de una casa unifamiliar de factura tradicional construida en la década de los ochenta, el arquitecto Philip Lutz llevó a cabo una importante transformación que abrió la vivienda al magnífico entorno natural y a las privilegiadas vistas del lago Constanza.

Según el planteamiento original, el sótano acogía la zona de servicios; la planta baja, las zonas comunes, y la superior, los dormitorios. A fin de permitir a sus habitantes sacar el máximo partido del extraordinario emplazamiento de la vivienda, Lutz decidió invertir la distribución de los espacios principales. La planta baja, cuyo perímetro no fue modificado, no sólo pasó a albergar los dormitorios y el estudio, sino que se convirtió en la base de una gran terraza cubierta que extiende los límites de la planta superior hacia el desnivel de la ladera en forma de un amplio voladizo de contorno irregular. En la fachada opuesta, el salón comedor, que integra también la cocina, se comunica con el bosque colindante mediante un puente.

Las fachadas fueron cubiertas en su totalidad por un revestimiento continuo de madera en forma de escamas que protege la casa del frío y del calor. También en el interior la madera es el material protagonista, pues el pino cubre paredes, techos y suelos.

La casa L está marcada tanto en el exterior como en el interior por la asimetría de líneas. El imponente volumen de la planta superior sobresale de la base con una peculiar forma de polígono irregular, mientras que los diferentes planos visibles en la cubierta se repiten también en el techo de la planta superior, lo que evita que la continuidad del revestimiento de madera produzca un efecto de saturación. El conjunto constituye un gran monumento a la búsqueda de nuevas soluciones arquitectónicas en una época en que en ocasiones la originalidad va en detrimento del diseño inteligente y de la comodidad de los usuarios.

Architect: Philip Lutz

Collaborators: Wolfgang Braungardt, Erich Huster

Photography: Oliver Heissner

Location: Bregenz, Austria

Surface area: 3,283 sq. ft.

Arquitecto: Philip Lutz

Colaboradores: Wolfgang Braungardt, Erich Huster

Fotografía: Oliver Heissner

Localización: Bregenz, Austria

Superficie: 305 m²

Part of the ceiling of the old ground floor was converted into a second terrace, complementing the one on the south façade and providing access to the exterior from the upper floor.

Parte del techo de la antigua planta baja fue habilitado como una segunda terraza, que se sumaba a la de la fachada sur y permitía acceder al exterior desde la planta superior.

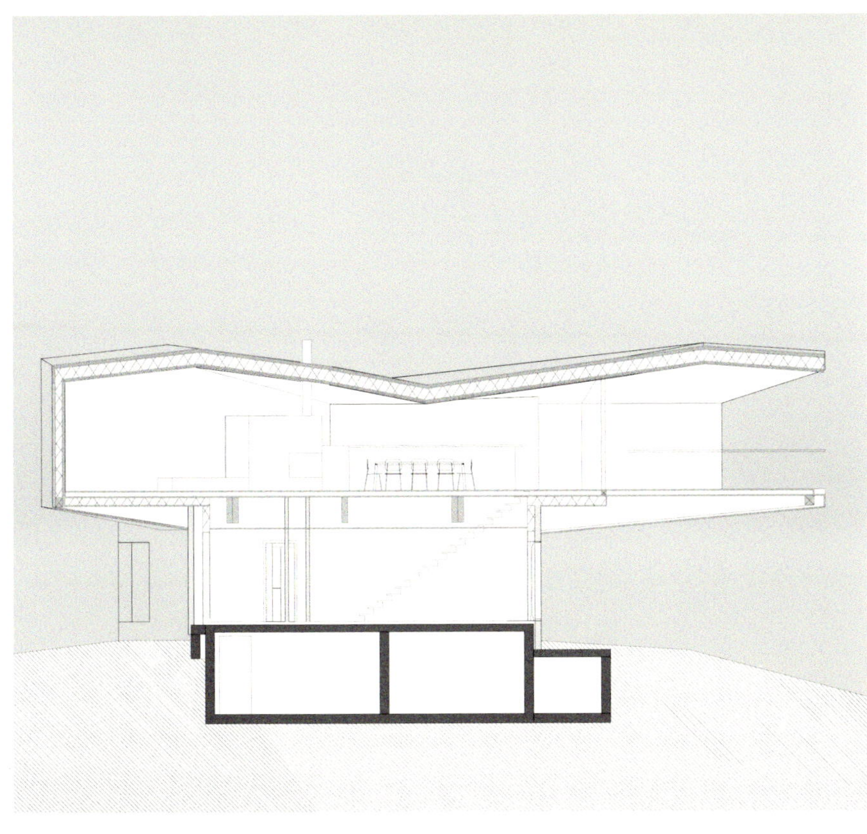

Cross section   Sección transversal

Longitudinal section   Sección longitudinal

0   1   2

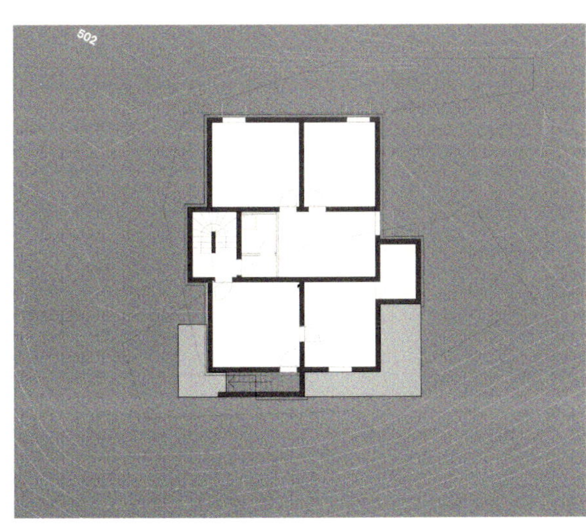

Basement   Sótano

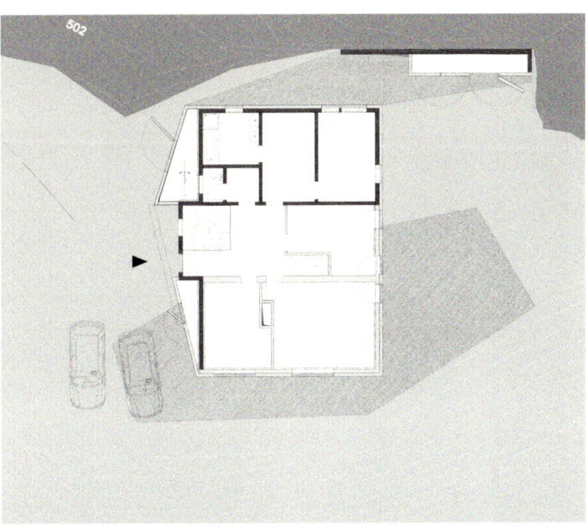

Ground floor   Planta baja

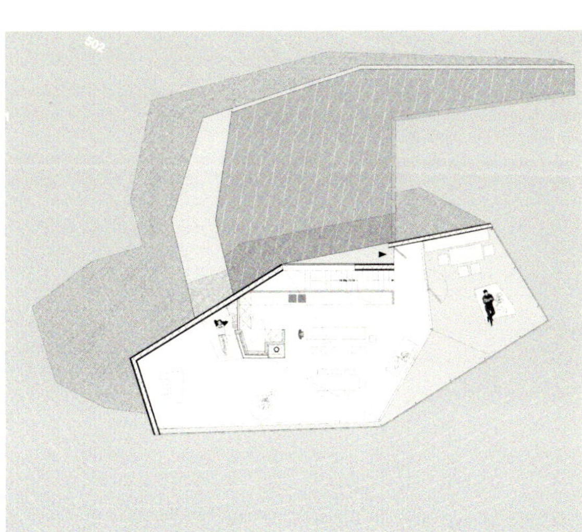

First floor   Planta primera

0   2   4

Directory / *Directorio*

Aidlin Darling Design
500 Third Street, Suite 410
San Francisco, CA 94107, United States
T +1 415 974 5603
F +1 415 974 0849
info@aidlindarlingdesign.com
www.aidlindarlingdesign.com

B Space Architecture & Design
34-01 38th Avenue 4th Floor Studio 9
Long Island City, NY 11101, United States
T +1 718 729 3229
F + 1 718 729 4790
studio@bspacearchitecture.com
www.bspacearchitecture.com

Biselli & Katchborian Arquitetos Associados
Rua Dr. Sodré 117
04535-110 São Paulo, Brazil
T +55 11 3845 5145
F +55 11 3845 5946
biselli@bkweb.com.br
www.bkweb.com.br

Caramel Architekten
Schottenfeldgasse 72/2/3
1070 Vienna, Austria
T +43 1 596 34 90
F +43 1 596 34 90 20
kha@caramel.at
www.caramel.at

Aldo Celoria
Via delle Fornaci 8C
CH-6828 Balerna, Switzerland
T +41 (0) 91 682 4388
F +41 (0) 91 682 4390
a.celoria@ticino.com

Dawson Brown Architecture
Level 1, 63 William Street
East Sydney, NSW 2010, Australia
T +61 2 9360 7977
F +61 2 9360 2123
dba@dawsonbrownarchitecture.com
www.dawsonbrownarchitecture.com

Denton Corker Marshall
49 Exhibition Street
Melbourne, VIC 3000, Australia
T +61 3 9012 3600
F +61 3 9012 3601
melb@dentoncorkermarshall.com.au
www.dentoncorkermarshall.com

Josep Maria Esquius Prat
Passeig Pere III 17 entresòl 2
08240 Manresa, Spain
T +34 938 720 888
F +34 938 720 888
j.m.esquius@coac.es

Fougeron Architecture
720 York Street #107
San Francisco, CA 94110, United States
T +1 415 641 5744
anne@fougeron.com
www.fougeron.com

Hans Hohenfellner
Wolf-Huber-Straße 9
6800 Feldkirch, Austria
T +43 05522 31416
F +43 05522 31416 4
office@hohenfellner.at

Marcio Kogan
Al. Tietê, 505
01417-020 São Paulo, Brazil
T +55 11 3081 3522
F +55 11 3063 3424
mk-mk@uol.com.br
www.marciokogan.com.br

Lens Ass Architecten
Dokter Willemsstraat 19
B-3500 Hasselt, Belgium
T +32 11 24 77 60
F +32 11 26 21 37
info@lensass.be
www.lensass.be

M + Diego Montero Arquitecto
Ruta 10 y 18 de Julio
Manantiales, 20100 Maldonado, Uruguay
T +598 42 77 42 90
F +598 42 77 42 90
monterod@adinet.com.uy
www.diegomontero.com

Renato Maurizio
Cad Castell
CH-7516 Maloja, Switzerland
T +41 81 824 3375
F +41 81 824 3550
mauarch@bluewin.ch
www.studiomaurizio.ch

Niall McLaughlin Architects
39-51 Highgate Road
London NW5 1RS, United Kingdom
T +44 20 7485 9170
F +44 20 7485 9171
info@niallmclaughlin.com
www.niallmclaughlin.com

Nitsche Arquitetos Associados
Rua Grécia 444
01450-010 São Paulo, Brazil
T/F +55 11 3088 4160
nitsche@nitsche.com.br

Philip Lutz Architektur
Am Ruggbach 9
A-6900 Lochau, Austria
T +43 5574 468 01
F +43 5574 546 85
pl@philiplutz.at
www.philiplutz.at

Rick Joy Architects
400 South Rubio Avenue
Tucson, AZ 85701, United States
T +1 520 624 1442
F +1 520 791 0699
www.rickjoy.com

Wolfgang Ritsch
Lustenauerstrasse 64
A-6850 Dornbirn, Austria
T +43 5572 224820
F +43 5572 224824
office@ritsch-baukunst.at

Salmela Architect
852 Grandview Avenue
Duluth, MN 55812, United States
T +1 218 7247517
F +1 218 7286805
ddsalmela@charter.net
www.salmelaarchitect.com

Eduardo Souto de Moura
Rua do Aleixo 53 1.º A
4150-043 Porto, Portugal
T +351 22 6187547
F +351 22 6108092
souto.moura@mail.telepac.pt

Takao Shiotsuka Atelier
301-4-1-24, Miyako-machi
Oita-shi, Oita 870-0034, Japan
T +81 97 538 8828
F +81 97 538 8829
shio-atl@shio-atl.com
www.shio-atl.com

Murdock Young Architects
526 West 26th Street, Suite 616
New York, NY 10001, United States
T +1 11 212 929 775
F +1 11 212 924 9865
ryoung@murdockyoung.com
www.murdockyoung.com

Other Titles from the Publisher/Otros títulos de la editorial

La Fundición, 15 Polígono Industrial Santa Ana 28529 Rivas-Vaciamadrid Madrid Tel. 34 91 666 50 01 Fax 34 91 301 26 83 asppan@asppan.com www.onlybook.com

Casas 100%
ISBN: (E) 84-96304-60-4

Minicasas
ISBN: (E) 84-96048-23-3

**Josep Lluís Sert
Joan Miró**
ISBN: (E) 84-96048-51-9
ISBN: (GB) 84-96048-52-7

El espíritu dada
ISBN: (E) 84-96048-44-6

+ Casas, Houses, Hauser
ISBN: (E/GB/D) 84-96304-62-0

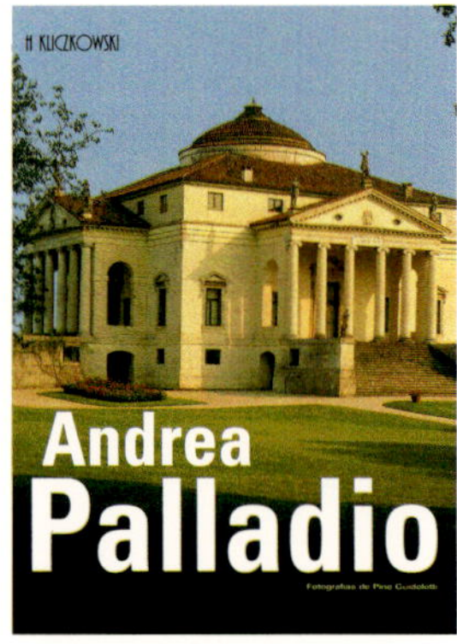

Andrea Palladio
ISBN: (E) 84-89439-82-6

Jean Nouvel
ISBN: (E) 84-96048-00-4

Regatas. Copa de América 2007
ISBN: (E) 84-96304-76-0

**El pequeño espacio
Small interiors**
ISBN: (E) 84-96304-64-7

**Atlas Histórico de la civilización
judía**
ISBN: (E) 84-96304-75-2

**Casas maximalistas
Maximalist Houses**
ISBN: (E) 84-96241-05-X
ISNN: (GB)84-96241-85-8

**Casas de nueva generación
New generation houses**
ISBN: (E) 84-96304-25-6

E: Spanish text/texto en español   GB: English text/texto en inglés   D: German text/texto en alemán